HEYNE STILKUNDE
6

Kühlturm der Spinnerei Gebr. Laurenz, 1946, Ochtrup/Westfalen

HEYNE STILKUNDE

Günter Drebusch
INDUSTRIE ARCHITEKTUR

mit 125 Abbildungen
davon 17 in Farbe

Wilhelm Heyne Verlag
München

Für D.

Umschlag: Zeche Haus Aden, um 1938, Bergkamen bei Dortmund

Gelegentlich steht auf einer Seite ein Sternchen (*); die Seitenzahl
taucht im Anmerkungsteil als Stichzahl auf, unter der eine Erläu-
terung zum Text gegeben wird.

Der Verfasser dankt für freundliche Unterstützung und wertvolle
Hinweise: Dipl.-Ing. Helmut Bönnighausen, Münster; Borsig-
Archiv, Berlin; Prof. Bernd Damke, Recklinghausen; Anna Christa
Funk MA, Hagen; Karl-Ernst-Osthaus-Archiv, Hagen; Landes-
amt für Denkmalpflege des Landschaftsverbandes Westfalen-
Lippe, Münster; Märkisches Museum, Witten; Hans Michatsch,
Münster; Dr. Wilhelm Nettmann, Witten; Manfred Schoon,
Greven; Prof. Dr. Stephan Selhorst, Raesfeld; Ralf Wahlbrink,
Ibbenbüren; Dr. Jochen Zemter, Witten.

INHALT

Alfred Rethel »Harkorts Fabrik auf Burg Wetter bei Hagen«, um 1834,
Leinwand, 43 × 58 cm. Duisburg, DEMAG

EINLEITUNG

Es steht außer Zweifel, daß in der über 170jährigen Geschichte der Industriearchitektur eigene Stilelemente verborgen liegen, die in einem tiefergehenden Sinne bezeichnend für die gesellschaftlichen Entwicklungen im industriellen Zeitalter sind. Um so mehr verblüfft, daß die Baukunst der Industriegesellschaft unter stilkritischen Gesichtspunkten bisher ein wenig stiefmütterlich erfaßt worden ist.

Früher als die Kunstwissenschaftler haben sich die Architekten aufgrund ihrer direkten Erfahrungen mit der Industriearchitektur beschäftigt. Doch auch ihre Diskussionen, die schon im frühen 19. Jahrhundert einsetzten*, pendelten zwischen Technik (ob etwa Eisen, Glas, Beton oder Kunststoff innerhalb der Architektur verwendbar sei) und Ästhetik (ob sich die Industriearchitektur durch Stilanpassungen oder stilistische Eingriffe verschönen ließe). Noch 1913 kamen Hermann Muthesius und Walter Gropius, zwei Wortführer des Deutschen Werkbundes, in ihren Äußerungen zum »Formproblem im Ingenieurbau« und zur »Entwicklung moderner Ingenieurbaukunst« über jene Scheinproblematik nicht hinaus, wenn auch Gropius »die Originalität der Formensprache« als zusätzliches Werbeargument für ein Unternehmen und dessen Produkte anpreist, um gleichzeitig zu verheißen, daß »eine vom Künstler durchgebildete Arbeitsstätte ... Arbeitsgeist und Leistungsfähigkeit des Betriebes wachsen« lasse. Hier scheint die 40 Jahre später unter dem Buchtitel »Häßlichkeit verkauft sich schlecht« verkündete Verwertungsideologie der Ästhetik des amerikanischen Konsum-Designers Raymond Loewy vorweggenommen zu sein. Die Anreicherung der Industriearchitektur-Debatte um Gesichtspunkte der »Human and Public Relations«, die vom Deutschen Werkbund ausgelöst wurde, gibt keine Antwort auf die Frage, welche gesellschaftlichen Zustände und Verhältnisse das Industrie-

Karl Blechen »Walzwerk Neustadt bei Eberswalde«, 1834, Leinwand, 23 × 32 cm. Berlin (West), Gemäldegalerie

bauwerk – so wie es ist (und nicht, wie es sein sollte) – widerspiegelt.

Ähnlich wie die Architekten haben sich die Künstler, vor allem die Maler, schon früh mit dem Phänomen der Industriearchitektur auseinandergesetzt. Seit Dorners *Eisenhütte im Gebirge* vom Anfang des 19. Jahrhunderts, Blechens *Walzwerk Neustadt bei Eberswalde* von 1834 und Rethels *Harkorts Fabrik auf Burg Wetter bei Hagen* zog sich das Bildmotiv des Industriebauwerks durch die Geschichte der Malerei und Graphik bis in unsere Zeit. Allerdings blieb diese künstlerische Auseinandersetzung bei zahlreichen Kleinmeistern oft dem dokumentarischen Abbild von Fabrikanlagen im Auftrage von Unternehmern verhaftet. Mitunter wurde das Motiv des industriellen Bauwerks als eine Art Spielmaterial benutzt und den gestalterischen Absichten des Malers unterworfen – etwa bei der Künstlergruppe »junger westen«. Sie hatte sich kurz nach dem Zweiten Weltkrieg zur Aufgabe gemacht, die industrielle Umwelt des Ruhrreviers ins Bild zu setzen: Beispielsweise entdeckte Gustav Deppe für sich den optischen Reiz von Hochspannungsmasten, Malakow-Türmen, Hochöfen und Umspannstationen. Wengleich es sich dabei um bildnerische und nicht um stilkritische Interpretationen handelte, so bestand doch ihr Verdienst darin, daß sie die Industriearchitektur zunächst so, wie sie in der Umwelt vorzufinden war, akzeptierten; denn damit öffneten sie dem Betrachter den Blick für eine möglichst vorbehaltlose Annäherung an das Phänomen der Industriearchitektur.

Die öffentliche Diskussion über die »Unwirtlichkeit unserer Städte«, über die barbarische und profitorientierte Zerstörung von

Gustav Deppe
»Hochspannungs-
mastenwald«,
1960, Leinwand,
73 × 49 cm.
München,
Privatsammlung

Altbaubeständen und die damit verbundene rücksichtslose Vernichtung gewachsener Sozialstrukturen im Rahmen von Flächen-»Sanierungen« brachte auch die Arbeitersiedlung des 19. und frühen 20. Jahrhunderts als Bereich der Industriearchitektur ins Gespräch.

Diese »Sanierung« der Industriegroßstädte, aber auch die fortschreitende Rationalisierung und Automation der Produktionsmittel im Gefolge härteren Konkurrenzdruckes und massiver Konzentrationszwänge der Großkonzerne ließen manches alte Industriebauwerk der Spitzhacke zum Opfer fallen, weil es dem modernen technischen Standard nicht mehr gewachsen war. Neben den Bombenverwüstungen des Zweiten Weltkrieges hat diese Modernisierungswelle eine große Zahl architektonischer Zeugnisse aus dem Bereich des Industriebaues vernichtet. Bis vor kurzem sah man dieser Zerstörung ohne sonderliche Regung zu. Jedoch im letzten Jahrzehnt wuchs gerade im Ruhrgebiet – das von Außenstehenden gern als die rüdeste, häßlichste und kulturloseste Landschaft Westeuropas abqualifiziert wird – infolge der politischen, ökonomischen und kulturellen Dezentralisation ein neues Selbstverständnis, das unter anderem auch eine veränderte Sicht auf eine technische und industrielle Tradition eröffnete. Dieses selbstbewußtere Verhältnis zur eigenen Geschichte beginnt sich auch auf den Erhaltungswillen gegenüber älteren Zeugnissen der Industriearchitektur auszuwirken.

Wahrscheinlich hängt die Möglichkeit zu einer neuen Sicht der Industriearchitektur auch mit der allgemein zu beobachtenden wissenschaftlichen Aufarbeitung des 19. Jahrhunderts als Gesamtphänomen zusammen. Eine berichtigte Auffassung dessen, was künstlerischer Stil sei– nämlich nicht eine von der Gesellschaft losgelöste Kunstentwicklung aus der Machtvollkommenheit einiger Genies, sondern die komplexe Widerspiegelung gesellschaftlicher Strukturen und Zustände –, führt zu einer allmählichen Rehabilitierung des billig Verfemten. Ein wacheres Bewußtsein für die gesellschaftliche Abhängigkeit der Architektur, ein unverkrampfteres Verhältnis zur eigenen Geschichte und eine Klärung der Stilkriterien– diese drei Voraussetzungen lassen heute eine neue Sicht auf die Industriearchitektur zu.

WAS IST INDUSTRIE-ARCHITEKTUR?

Bis ins 17. Jahrhundert hinein lagen die repräsentativen Bauaufgaben in Europa in den Händen von Baumeistern, die sich zugleich als Techniker und Künstler verstanden. Oft genug waren sie Architekten, Bildhauer, Maler, Konstrukteure und Experimentatoren in einer Person. Donato, Bramante und Michelangelo Buonarroti sind nur zwei der berühmtesten Beispiele für diesen Baumeistertypus, dessen Herkunft stets vom künstlerischen Handwerk her bestimmt war.

Im 17. Jahrhundert begannen sich diese Verhältnisse zu verändern. Mit der Entstehung des absolutistischen Zentralstaates und des Merkantilismus, die beispielhaft für ganz Europa im Frankreich Ludwigs XIV. und Colberts in staatliche Regelung und Kontrolle des Wirtschaftslebens mündeten, fing man an, auch das Bauwesen in dieses System einzubinden. War man zwar im Bereich des bäuerlichen und bürgerlichen Bauens trotz Leonard Frönspergers Versuch, unter Kaiser Ferdinand I. 1564 eine erste Bauordnung aufzustellen, mit dem Grundsatz »in dubio pro fisco« ausgekommen, so sicherten sich die absolutistischen Herrscher im Bereich des repräsentativen Bauens die Kontrolle, indem sie die Baumeister teilweise innerhalb der Beamtenhierarchie des Staates fest in den Dienst nahmen. Machtgewinn durch den Bau von Festungswerken und Arsenalen, Prosperität durch die Errichtung staatlicher Manufakturen und Zollstationen, Erschließung des Landes durch Straßen und Kanäle sowie nicht zuletzt die hehre Verherrlichung der Staatsideologie und des Herrscherhauses durch die Gestaltung von Schloß- und Stadtanlagen – dies waren die wichtigsten Gesichtspunkte, unter denen der absolutistische Staat seinen Baumeistern die Aufgaben zuwies.

Da ein erheblicher Teil der Bauaufgaben militärischen Charakters war oder im Kriegsfall strategische Bedeutung erhalten konnte, wundert es nicht, wenn – vor allem im 18. Jahrhundert – unter diesen staatlichen Baubeamten zahlreiche Offiziere waren: Balthasar Neumann beispielsweise rückte bis zum Obristen der fränkischen Kreis-Artillerie auf; und Johann Conrad Schlaun brachte es im Dienst der Fürstbischöfe zu Münster gar zum Generalmajor und Gouverneur der Festung Meppen. Die sogenannten Genietruppen – Artillerie und später auch Pioniere – boten ein schnell verfügbares Reservoir billiger Arbeitskräfte für die Großbaustellen. Die Subalternoffiziere ließen sich rasch mit zivilen Bauaufsehern zu Baustäben zusammenfassen; bereits in der ersten Hälfte des 18. Jahrhunderts fand eine Arbeitsteilung zwischen dem (künstlerisch entwerfenden) Architekten-Baumeister und dem (konstruktiv-technisch tätigen) Ingenieur-Baumeister statt. Um eine solche Arbeitsteilung zu überwinden, forderte Rondelet noch 1817 eine stärkere Berücksichtigung zeitgemäßer Konstruktionsmethoden in der Architektenausbildung. Er selber hatte unter Anwendung derartiger Methoden mitgeholfen, die Kuppel des Pariser Panthéons vor dem Einsturz zu bewahren.

Inzwischen war diese Spaltung nicht mehr rückgängig zu machen; denn die Erfordernisse der Industriellen Revolution verlangten einen neuen Typ von »Baumachern«: nämlich den Ingenieur!

Woher kamen diese Ingenieure? Neben den berühmten Baumeistern hatte es in der Vergangenheit immer eine breite Schicht anonymer, technisch-handwerklich orientierter Baumeister gegeben. Ihre Ausbildung als zunftgebundene Maurer, Steinmetzen oder Zimmerleute befähigte sie zur Lösung zahlloser Bauaufgaben im bäuerlichen, handwerklichen oder städtischen Bereich. Sie waren – zusammen mit Schmieden, Stellmachern und sogenannten Mühlenärzten – auch für den Bau von Hammerwerken, Erzöfen oder Mühlen samt deren Ausrüstung mit Hebezeugen, Antrieben oder Pumpen zuständig. Die neuen Erkenntnisse der Naturwissenschaften – namentlich der Mechanik, Hydraulik und Wärmelehre – erschlossen diesen Leuten am unteren Rand des Bürgertums bisher unbekannte Anwendungsmöglichkeiten. Durch Spezialisierung entwickelte sich infolgedessen aus einem Teil dieser Bau- und Ausrüstungshandwerker ein neuer Mechaniker-Typus, der auf

John Wilkinson & Abraham Darby (III.): Severn-Brücke, 1775–79,
Coalbrookdale/England

Grund seiner praktischen Erfahrungen seinerseits wiederum zur
Weiterentwicklung der Naturwissenschaften und der Technik
beitrug*. James Watt, ursprünglich Feinmechaniker an der Uni-
versität Glasgow, war einer der Protagonisten dieser technischen
Intelligenz. Wegen ihrer spektakulären Erfolge bei der Techni-
sierung und Industrialisierung des Wirtschaftslebens und wegen
ihres Nutzens für die ökonomischen und politischen Interessen des
Bürgertums wurden die Mechaniker zu Leitfiguren der bürgerlichen Emanzipation vom System des Absolutismus. Sie wurden
zu sozialen Aufsteigern. Ihrer Tätigkeiten innerer Zusammenhang
mit den ökonomischen Verhältnissen des Frühkapitalismus macht
verständlich, daß Mechaniker und Ingenieure* die ersten Industriebauten entwarfen und realisierten.

Das früheste Eisenbauwerk ist die Straßenbrücke über den Severn im englischen Coalbrookdale, die hauptsächlich wegen des
Kohletransportes zu den benachbarten Eisenhütten gebaut wurde
und deswegen als Industriebauwerk gelten kann; sie wurde 1775–79
von John Wilkinson, dem Erfinder der Zylinderbohrmaschine,

und dem Eisengießer Abraham Darby (III.) entworfen. Mit dieser Brücke wurden Bauprinzipien steinerner Bogenbrücken in das eiserne Rippen-Streben-System übertragen. Dabei richtete sich die Anordnung der Streben nicht etwa nach ornamentalen Überlegungen (wie es auf den ersten Blick scheinen mag), sondern nach den damals neueren Erkenntnissen der angewandten Mathematik und Mechanik. So gehen die beiden visuell hervorstechenden, ringförmigen Strebengruppen oberhalb der Bögen in dieser Form wahrscheinlich auf Berechnungen zurück, die der englische Mechaniker James Sterling 1717 veröffentlicht hatte, auf die der venezianische Mathematiker und Ingenieur Giovanni Poleni in seinem Lehrbuch über Kuppeln und Bögen 1748 Bezug nahm.

Auch das erste in der neuen Gußeisentechnik entworfene Fabrikgebäude stammte von zwei Technikern: 1801 konzipierte Watt zusammen mit seinem Kompagnon Matthew Boulton für die Firma Philip & Lee in (Manchester-) Salford eine Baumwollspinnerei. Bis dahin bestanden derartige Gebäude aus einer Kombination von Mauerwerk und engständigen Holzkonstruktionen mit einem dichten, statisch bedingten Innenausbau. Durch diese Bauweise wurde sowohl die Nutzfläche wie auch die Anzahl der Stockwerke eingeschränkt. Gleichzeitig herrschte in diesen Bauten wegen der Holzkonstruktion, der leicht brennbaren Baumwollvorräte und der offenen Öllampen starke Brandgefährdung. Watt und Boulton verminderten diese Probleme, indem sie ein System gußeiserner Stützen und Doppel-T-Träger als Gerüst verwendeten, dessen Zwischenfelder mit Ziegeln vermauert und mit Zement vergossen wurden. Der Baukörper erhielt eine schmucklose Ummantelung aus Backstein. Bauzeichnungen weisen ein Gebäude von etwa 42 m Länge, 14 m Breite und 24 m Höhe aus. Der für die damalige Zeit überaus große, siebenstöckige Baukörper war nach dem Modul 1,80 m L : 4,60 m B : 3,40 m H durch die Eisenkonstruktion in 483 Raum-Elemente aufgerastet. In jedem Stockwerk entstanden drei bahnenförmige Arbeitsflächen von je rund 42 m Länge, 4,60 m Breite und 3,40 m Höhe; sie waren untereinander lediglich durch die beiden Stützenreihen getrennt. Der ganze Bau besaß die beachtliche Produktionsnutzfläche von ungefähr 4100 qm.

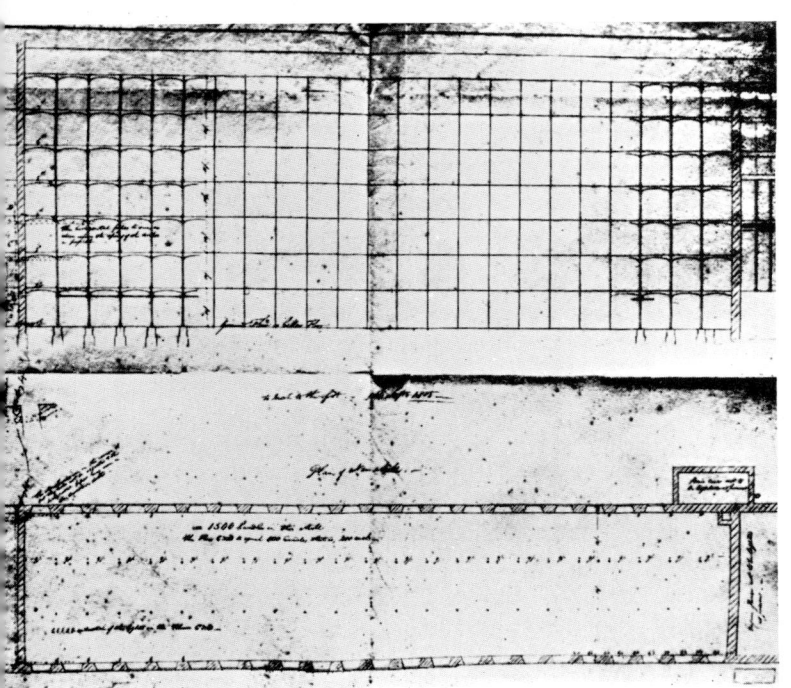

James Watt & Matthew Boulton: Baumwollspinnerei Philip & Lee in Salford bei Manchester (Auf- und Grundriß des Rasters), 1801

Einem handschriftlichen Vermerk auf den Plänen zufolge, waren »1500 handles in this mill« vorgesehen: In der »Mühle« (so bezeichnete man damals eine solche Spinnerei) sollten also 1500 Kurbeln installiert werden. Derartige Kurbeln gehörten zur Antriebsmechanik der 1779 von Crompton weiterentwickelten Spinnmaschine: jede Kurbel trieb bis zu 80 Garnspulen an. Die Spinnmaschinen einschließlich der Streckwerke müssen in zwei Reihen jeweils auf den beiden äußeren Arbeitsbahnen der Stockwerke aufgestellt gewesen sein, so daß die mittlere Arbeitsbahn für die Lagerung des Materials, den Abtransport der Spulen und die Bedienung der Maschinen frei blieb. Für eine Fabrik dieser Größe muß mit 300 bis 400 Arbeitskräften (Mann, Frau oder Kind) gerechnet werden; so ergibt sich pro Person eine Arbeitsfläche von 3,5 bis 4,5 qm, wovon noch der entsprechende Anteil für die Materiallagerung und den Produktentransport abgezogen werden muß. Stellt man sich die Enge, den Lärm der Maschinen, die Hitze, den Gestank, den beißenden Baumwollstaub und die vielen hundert Transmissionsriemen in den sieben Geschossen vor, so läßt sich eine rücksichtslosere Ausnutzung der Gesundheit und Sicherheit arbeitender Menschen zugunsten einer Gewinnmaximierung kaum denken – zumal die Fabrik den damaligen Gepflogenheiten entsprechend 14–16 Stunden täglich in Betrieb war. Da die Geschosse keine Zwischenwände besaßen, war eine totale Aufsicht durch die architektonische Konzeption gewährleistet, so daß sie insgesamt alle Möglichkeiten einer optimalen Produktivität bot. Das eiserne Stützen- und Trägersystem und der dadurch ermöglichte Verzicht auf statisch bedingte Innenausbauten ließen die rationellste Ausnutzung der Geschoßflächen zu, die weder durch das Treppenhaus noch durch den Trakt für die Dampfmaschine jeweils an den Schmalseiten des Gebäudes beeinträchtigt wurde. Zugleich verzinste sich der Baugrund optimal, da die Stabilität der Eisenkonstruktion das Übereinanderstapeln der hallenähnlichen Säle zu sieben Stockwerken gestattete. Die Verwendung eines stereotypen Rastersystems aus vorfabrizierten Eisenelementen, die in der Maschinenfabrik Watt & Boulton in (London-) Soho hergestellt wurden, sowie die völlige Enthaltsamkeit gegenüber ornamentalen Bauteilen senkten die Baukosten. Außerdem entstand wegen dieser Gestaltungsprinzipien in Salford ein Gebäude, das in seiner Anonymität jederzeit auch für andere Produktionszweige hätte genutzt werden können. Sein Weiterverkaufswert war deshalb groß.

Wie prägend der Entwurf von Watt und Boulton seinerzeit gewesen sein muß, zeigt nicht nur eine 1845 von Fairbairn gebaute Raffinerie, die sich – abgesehen von einigen konstruktiven Geringfügigkeiten – nicht von der Salforder Baumwollspinnerei unterschied. Auch eine Skizze solcher sieben- und achtstöckigen Gebäude in Schinkels Tagebuch aus dem Jahre 1826 beweist die große Verbreitung dieses Fabriktyps: »Seit dem französischen Kriege sind in Lancashire vierhundert neue Fabriken etablirt wor-

Karl Friedrich Schinkel »Fabrikgebäude in Manchester«, 1826, Feder-
zeichnung

den; man sieht Gebäude stehen, wo vor drei Jahren noch Wiesen
waren, aber diese Gebäude sehen schon so schwarz aus, als wären
sie hundert Jahre in Gebrauch. Die ungeheuren Baumassen, blos
von einem Baumeister ohne alle Architektur und nur für das
nackte Bedürfniss allein aus rotem Backstein aufgeführt, machen
einen höchst unheimlichen Eindruck«*. Das »nackte Bedürfnis«,
das diese Bauten widerspiegelten, war des Frühkapitalismus Bedürfnis nach Produktivität und Gewinn, selbst um den Preis der
Gesundheit von Menschen, das Bedürfnis nach Verwertung und
Vermehrung des Anlagekapitals auf die profitträchtigste Weise.
Daraus erklärt sich die rasche Verbreitung des Prototyps von
Watt und Boulton in aller Welt des 19. Jahrhunderts und nicht
aus der Tatsache, daß der Bau zurecht als Vorläufer des Stahl-
skelettbaus zu gelten hat, wie es die Bauhistoriker in der Regel
darstellen.

Des Bürgertums Wertschätzung für die Leistungen der Ingenieure bei der Ausdehnung der Industrialisierung und des Kapitalismus drückte sich beispielsweise 1794 durch die Gründung der
Pariser École Polytechnique aus, die auch eine Abteilung für das
Bauwesen besaß. Ihr folgten bald in zahlreichen Städten Europas
weitere Technische Hochschulen. Die Ausbildung der Zivilinge-
nieure, wie sich der neue Berufsstand nun nannte, geschah auf der

Basis von Mathematik, Physik, Chemie und Technologie, also auf wissenschaftlichen Grundlagen. Sie war auf Dienstleistungen im Sinne der ökonomischen und industriellen Perspektiven des kapitalistischen Bürgertums ausgerichtet. Ihre Aufgabenstellung umfaßte, neben der Erschließung des Bauwesens für industrielle Zwecke und der Entwicklung neuartiger Bautechniken und -materialien, vor allem das weitaus größere Feld des Aggregatebaus. All diese Hochöfen, Kräne, Winderhitzer, Röhrensysteme, Transportbahnen, Koksbatterien, Fördereinrichtungen und Lagerbunker begannen zunehmend die äußere Form von Gebäuden innerhalb industrieller Anlagen zu bestimmen, oder sie traten mit ihren teilweise bizarr erscheinenden Gestalten zu Gebäuden in visuelle Konkurrenz, da sie ihrer Zweckbestimmung oder ihrer Größe wegen ohne konventionelle architektonische Hülle ins Freie gesetzt werden mußten. Dieser Leitgedanke wurde durch die Technischen Hochschulen vertreten.

Daneben blieb die Anziehungskraft repräsentativer Bauvorhaben auf solche bedeutenden Architekten wie Schinkel oder Gottfried Semper, Henri Labrouste oder Eugène-Emmanuel Viollet-le-Duc, wie Richard Norman Shaw oder Philip Speakman Webb ungebrochen. Die Namen dieser Männer sind mit dem Bau von Schlössern, Landsitzen, Villen, Gedächtnisstätten, Kirchen, Museen, Theatern oder Bibliotheken verbunden, den Aufgaben der Industriearchitektur verweigerten sie sich. Zum Teil im Rückgriff auf den strengen Geometrismus antiker, romanischer oder gotischer Bauformen verwandelten sie den Formenkanon des Absolutismus entsprechend den Repräsentationsbedürfnissen des aufstrebenden Kapitalbürgertums. Das war freilich nur möglich, weil dieses Bürgertum selber zwischen einer Architektur unter repräsentativen Aspekten und dem sogenannten reinen Zweckbau zu schwanken begann. Solche Unsicherheit fand ihre Begründung in der allerorten sich in der ersten Hälfte des 19. Jahrhunderts durchsetzenden stärker und stärker differenzierten Arbeitsteilung innerhalb der entstehenden Industriegesellschaft.

Wie unzulänglich eine künstlerisch konzipierte Architektur gegenüber den Erfordernissen industrieller Produktionsabläufe war, mag eine kurze Analyse eines Architektenentwurfs zeigen, der zu

Beginn der Industriellen Revolution entstanden war. Etwa um 1780 hatte Claude-Nicolas Ledoux eine Gewehrfabrik für eine Idealstadt in den Wäldern von Chaux südlich von Besançon entworfen. Den vier eckständigen Schmelzöfen gab er die Gestalt ägyptischer Pyramiden. Diese waren durch einstöckige Werkstattgebäude zu einem riesigen Quadrat verbunden, von dessen Seiten in strenger, doppelter Axialsymmetrie die zweistöckigen Arbeiterwohnhäuser auf das im Zentrum liegende dreistöckige Verwaltungsgebäude zustießen. Sowohl durch den zum Verwaltungsteil hin hochgestaffelten Aufriß wie auch durch den auf diesen Teil hin zentrierten Grundriß spiegelte Ledoux den hierarchischen Aufbau des absoluten Staates wider. Darüber hinaus ruft die Assoziationskraft dieser kastellartig gegliederten »Vulkananlage« mit ihrer Spekulation auf antike Wehrhaftigkeit und Schmiedegötter das militärische und neomythische Selbstverständnis absolutistischer Herrscherfiguren ins Bewußtsein. Ledoux befand sich zwar wegen seines geometrischen Rigorismus formal nicht auf der Gedankenlinie der Académie Royale und galt unbestreitbar wegen seiner konsequenten Anknüpfung an den Formenschatz der Antike und das Œuvre Palladios als Wegbereiter des Neo-Klassizismus,

Claude-Nicolas Ledoux »Gewehrfabrik«, Stich von Coquet & Bovinet, nach 1775, 32 × 46 cm

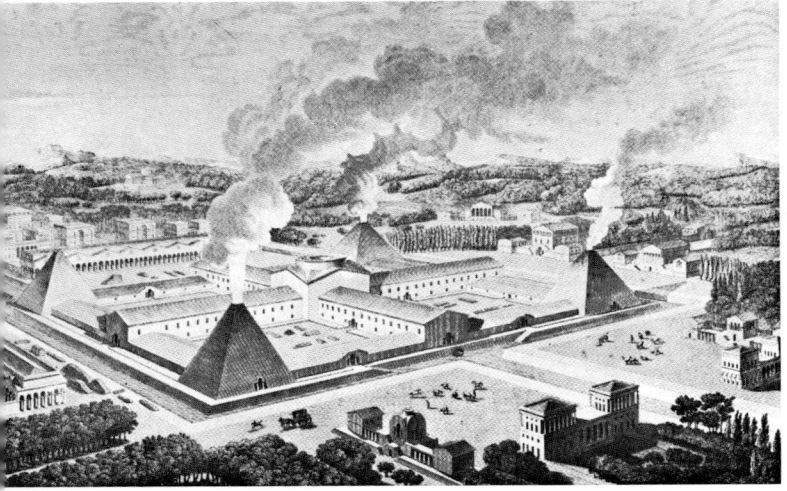

aber zugleich erwies sich sein Entwurf (für die Gewehrfabrik) als typisches Beispiel für eine Architektur, die ihren subjektiv begründeten künstlerischen Interpretationsspielraum anhand symbolhafter, irrationaler Zwecke des Bauwerks so weit ausdehnte, daß darüber die rationalen Erfordernisse industrieller Produktionsvorgänge vernachlässigt wurden. Denn eine unrationellere Organisation der Arbeitsabläufe, als durch deren Verlagerung an die Peripherie eines Quadrats läßt sich kaum vorstellen. Dies, und nicht der überalterte Ausdruckswert des Entwurfs, war wohl der tiefere Grund dafür, daß Ludwig XVI. ebenso wie das Bürgertum der Revolution von 1789 den Entwurf des »Revolutionsarchitekten«, wie man Ledoux seit längerem immer wieder bezeichnet, unrealisiert ließ. Dieser Architekt hatte in seiner Konzeption die Ökonomie der Kunst geopfert. Die Ökonomie opferte dafür sein Projekt.

Im Lauf des 19. Jahrhunderts traten die unterschiedlichen Kriterien der künstlerischen Architektur und des rationalen Ingenieurbaus immer schärfer ans Licht. Architekt und Ingenieur wurden zu Gegenbildern und -bildnern. Der eine verkörperte ein Bauen, welches Zwecke in einer subjektiven Gestalt zu verwirklichen suchte; der andere wollte Zwecke befriedigen, indem er die Gestalt seiner Gebilde allein an objektivierten ökonomischen und technologischen Aspekten orientierte. Dazu bemerkte Muthesius: »Die jüngst vergangene Epoche des technischen Bildens unterschied sich von allen früheren Zeiten, daß eine Zweiheit der Behandlung und der Beurteilung eingetreten war, je nachdem es sich um sogenanntes nützliches oder sogenanntes schönes Bilden handelte. Das nützliche Bilden fiel dem Ingenieur, das schöne dem Architekten zu«[*]. Dieses Zitat drückt etwas von der Verstörung der Architekten über einen Dualismus im Bauen aus, der sich aus dem endgültigen Zerfall der Einheit von Technik und Kunst, der Zerstörung des antiken Begriffs »Techne« unter dem Druck veränderter Gesellschaftsstrukturen ergab.

Nur wenige Architekten konnten eine so unverhohlene, wohl auch unreflektierte Bewunderung für die Gebilde der Ingenieure aufbringen, wie es der amerikanische Bildhauer und Theoretiker Horatio Greenough, der »Herold des Funktionalismus«, 1852 tat:

»Unter Schönheit verstehe ich das Versprechen der Funktion. Unter Handlung verstehe ich die Erfüllung der Funktion. Unter Charakter verstehe ich die Leistung der Funktion«*. Auch die Gasöfen von Auschwitz und Treblinka versprachen die Erfüllung höchster Leistung: Sie waren unmenschlich funktionsgerecht! César Daly drückte die Befürchtungen seiner Berufskollegen 1867 weniger verschleiert aus: »Ist es das Schicksal der Architektur, eines Tages der Ingenieurbaukunst weichen zu müssen? Wird der Ingenieur den Architekten eines Tages absorbieren?«* Auf die Berufsangst seiner Kollegen antwortete in einer Preisfrage der Académie Française Davioud, der Architekt des Pariser Trocadéro: »Die Vereinigung von Architekt und Ingenieur muß untrennbar sein. Die Lösung wird erst dann wirklich, vollständig und fruchtbar sein, wenn Architekt und Ingenieur, Künstler und Wissenschaftler in einer Person vereinigt sind«*. Doch 17 Jahre später stellte Anatole de Baudot fest: »Die Baukunst steht heute in vollkommenem Widerspruch zum wissenschaftlichen Geist, der alles beherrscht und der uns dazu bringen sollte, bestimmte und klare Lösungen für die neuen Probleme zu suchen«*.

Nicht alle Architekten und Künstler beschränkten sich auf die direkte oder indirekte Forderung nach der Übernahme der Technologie der Ingenieure in die Architektur. Der englische Kunsttheoretiker, -kritiker und -erzieher John Ruskin und sein Mitstreiter William Morris, der als Wegbereiter des modernen Kunstgewerbes gilt und als Sozialreformer den Ideen von Karl Marx und Friedrich Engels zeitweilig nahestand, lehnten alles Ingenieurhafte und Industrielle ab. Der fast schon krankhafte Haß der beiden Engländer auf alle Eisentechnik im Bauwesen und auf den Bau von Industrieanlagen richtete sich im Grunde gegen die Entfremdung der im doppelten Sinne ausgebeuteten Arbeiterschaft durch stupide, gefährliche Arbeit und durch eine Flut billiger Gebrauchswaren industrieller Machart, in denen die beiden Kritiker zu recht Surrogate erkannten. Aber trotz der Menschlichkeit, die sich hinter ihrer Anti-Ingenieurs-Ideologie verbarg, war mit ihrer romantisierenden Forderung nach künstlerischer Handarbeit die Entwicklungen des Kapitalismus und damit des industriellen Bauens nicht zu stoppen. Ihre Strafpredigten, welche auch der Industriearchitektur galten, richteten sich nur gegen Symptome. Ruskin wie Morris verkannten, daß immer nur dasjenige auf die Dauer hergestellt und gebaut, was gebraucht wird – und das bestimmt derjenige, der Geld und Macht hat. Beides besaß das kapitalistische Bürgertum mit seinen industriellen Interessen. Wenn also den Architekten eine Chance zur Wiederversöhnung der Technik mit der Kunst verbleiben sollte, so mußten sie sich den ökonomischen und industriellen Forderungen des Kapitalismus anpassen.

Gegen Ende des 19. Jahrhunderts war die Architektenausbildung, bis auf heute noch existierende bedeutungslose Reste an Kunstakademien, über die Bauakademien in die Technischen Hochschulen eingegliedert worden. Wissenschaftlich fundierte Bautechniken und die bis zum Beginn des 20. Jahrhunderts immer weiter verbreiteten neuen Materialien (Stahl, Beton, Glas und später auch Kunststoffe oder Leichtmetalle) sowie neue die Aufgabenstellungen im industriellen Gebäudebau brachten es dahin, daß nun auch die Architekten immer mehr den einst als widersprüchlich empfundenen Kriterien des Ingenieurbaues unterworfen wurden. Bereits 1901 hatte der Architekt Henry van de Velde gemeint: »Die außerordentliche Schönheit, die den Werken der Ingenieure eigen ist, beruht auf der Unbewußtheit ihrer künstlerischen Möglichkeiten«*. Wenn es wirklich so wäre, wie hat man dann Fritz Schupp, einen der bedeutendsten Industriearchitekten des 20. Jahrhunderts, zu verstehen, der 1966 in einem Vortrag vor der Henry-van-de-Velde-Gesellschaft erklärte: »Wenn der Industriebauherr nun auf diese Hüllen (die Fassaden eines Industriebauwerkes) auch noch verzichtet, das heißt, wenn er seine betrieblichen Vorgänge ungeschützt ins Freie stellt, wie es bei einem Hydrierwerk in Gelsenkirchen in den 30er Jahren geschah, was dann? Als konservative Bauleute können wir dann nur noch verzweifeln, kapitulieren. Denn im Sinne unserer bisherigen Vorstellungen sind wir dann brotlos geworden«*. Hier ist sie wieder, die Verstörung der Architekten vor der Industriearchitektur trotz technikorientierter Ausbildung, trotz Anpassung an kapitalistische Wirtschaftsstrukturen, trotz architektonischem Funktionalismus. Schupp zeigte mit seinen Worten, wo sie im Grunde zu lokalisieren ist. Der Aggre-

Philip Webb: The Red House für William Morris, um 1860, Bexley Heath/Kent

gatebau hatte längst vor Schupp quadratkilometergroße Areale etwa in petrochemischen oder metallurgischen Anlagen überzogen. Diese Ensembles, sowohl in ihren Einzelgebilden als auch in ihrer Gesamtanordnung nach den reinen Kriterien des Ingenieurbaus errichtet, belassen dem Architekten (vielleicht bis auf die Einbringung des einen oder anderen Industriegebäudes) keine Möglichkeit zum Eingriff, geschweige denn zur künstlerischen Gestaltung. Die Gestaltung dieser Großgebilde von städtebaulichem Ausmaß ist allein Sache der sachkundigen Konstruktions- und Verfahrensingenieure. Schupp hatte dieses Dilemma erkannt; aber was er darauf zu antworten hatte, entschleiert der Widerspruch der Architektur, in dem sie sich immer noch befindet, sobald sie sich mit der Industriearchitektur konfrontiert sieht: »Hervorragende Baugebilde, wie Höchstspannungsanlagen es sein können, die bereits jede Beziehung zu unserem sonstigen Bauen negieren, die vollendet sind in ihrer formalen Eleganz, die bereits wie abstrakte Kunstwerke wirken, sie sollen uns die Richtung weisen, in die wir vorstoßen müssen, um das rein technische und das ästhetische Schaffen auf gleicher Linie zu halten«*.

Sollte die Kunst in der Architektur durch die formale Nachahmung technoider Gebilde gerettet werden? Wollte Schupp die Architekten in einer Art Münchhausen-Effekt veranlassen, sich an den Haaren des Formalismus aus dem Sumpf ihrer Verstörung zu ziehen, indem er die nun zur Kunst deklarierten Aggregate des Ingenieurbaus zum künstlerischen Leitbild der Architektur umdefinierte, um die historisch orientierten Leitbilder des 19. Jahrhunderts zu ersetzen? Statt Ritterburg nun Science-fiction?

Zieht man die Konsequenzen aus diesen letzten Fragen, so wird man dazu kommen, bei der Beurteilung der Industriearchitektur deren vermeintlichen Kunstwert vorderhand auszuklammern, um sich allein auf die Betrachtung der Gestalt industrieller Bauwerke und der Widerspiegelung gesellschaftlicher Bedingungen in dieser Gestalt zu beschränken. Möglicherweise ergeben sich aus einer solchen Betrachtung Beobachtungen für die vergangenen 170 Jahre industrieller Architektur, denen ein stilistischer Rang zugestanden werden könnte. Das freilich setzt einen anderen Stilbegriff voraus, als ihn die traditionelle Kunst- und Baugeschichte entwikkelt hat. Dieser neue Stilbegriff darf die Industriearchitektur nicht als einen von seinen gesellschaftlichen Voraussetzungen abgelösten ästhetischen Gegenstand ansehen, sondern als einen Indikator für gesellschaftliche Entwicklungen werten. Dabei wäre die Ausklammerung der reinen Ingenieurbauten aus der Betrachtung der Industriearchitektur unsinnig. Vielmehr müssen – unabhängig von den gestalterischen Urhebern – alle Industriegebäude und -aggregate als gleichberechtigte und sich untereinander beeinflussende Ausdrucksgebilde derselben gesellschaftlichen Bedingungen nebeneinandergestellt, verglichen und ausgewertet werden.

Demzufolge wird im weiteren zur Industriearchitektur alles dasjenige gerechnet, was an gebauten Gebilden direkt von der Industrie in Auftrag gegeben oder von ihren Organisationsbedürfnissen und Produktionsabläufen unmittelbar ausgelöst wurde, gleichgültig, ob sie von Architekten oder Ingenieuren geschaffen wurden.

VORLÄUFER

Die Vorläufer der Industriearchitektur sind aus den Produktions-
verhältnissen und Gesellschaftsstrukturen des während der zweiten Hälfte des 18. Jahrhunderts in Europa allmählich zu Ende gehenden Absolutismus abzuleiten.

Kerngedanke der feudalen absolutistischen Gesellschaftsauffassung war die uneingeschränkte Verfügungsgewalt des Herrschers
über den Staat und seine Untertanen. Ein patriarchalisches Selbstverständnis und die Abkunft aus altem Blutsadel ließen dabei sogar die Identität von Herrscher und Staat legitim erscheinen. Diese Gesellschaftsauffassung verdeutlichte sich in einem auf die Spit-
ze des Staates hin hierarchisch hochorganisierten Beamtenapparat,
in einem nach innen und außen wirkenden stehenden Heer sowie
in einer Gesetzgebungspraxis, die stets unter der Vorherrschaft
des Staatsoberhauptes stand. Derartige Machtinstrumente kosteten
und verbrauchten – zusammen mit der aufwendigen Repräsentation absolutistischer Höfe, die ihrerseits ein Symbol für die Macht
der Herrscher darstellte – viel Geld. Das Wirtschaftsgebahren des
Merkantilismus ergänzte das absolutistische System. Die Haupt-
instrumente des Merkantilismus waren: Straffung und strenge
Staatskontrolle des Steuer- und Zollwesens; Drosselung von Ein-
fuhren bei gleichzeitiger Steigerung der Ausfuhren insbesondere
von Fertigwaren; Vergünstigungen für bestimmte Wirtschaftszweige; Anwerbung fremder Arbeitskräfte; Hortung von Edelme-
tallen und die ersten Versuche zur Einführung von Notenbanken.
Diese Instrumente wurden durch die bis ins einzelne gehenden
Reglements für gewisse Gewerbezweige, durch die Gründungen
von Staatsmanufakturen in besonders ertragreichen Wirtschafts-
bereichen sowie durch die Erschließung des Landes mit Straßen,
Kanälen und Häfen unterstützt. Weil das merkantilistische System
dem Staatsverständnis der absolutistischen Herrscher auch effektiv

entsprach, setzte es sich im Laufe des 17. Jahrhunderts in ganz Mittel- und Osteuropa durch. Damit wurde zum ersten Mal in der neueren Geschichte der Versuch einer systematischen, zentral gelenkten, staatlichen Wirtschaftspolitik unternommen. Die produktiven Grundlagen des Merkantilismus waren Landwirtschaft, Hausindustrie, Manufakturwesen und Handwerk.

Der Zwang zur Selbstversorgung hatte schon früh in der Geschichte dazu geführt, daß sich die bäuerliche Bevölkerung an der Ausbeutung von Bodenschätzen oder an der Herstellung von Textilien, Holzwaren, Metallerzeugnissen und Glas beteiligte. In bestimmten Landstrichen Europas war aus diesen speziellen Verhältnissen ein bäuerlich-handwerklicher Facharbeiterstamm entstanden. Typische Beispiele dafür boten die Bergleute in Sachsen, in Tirol und Ungarn, im Harzvorland und unteren Ruhrtal oder das dichtbesetzte Eisengewerbe im Siegerland und in den Tälern des nördlichen Sauerlandes. Da solche bäuerlich-handwerklichen Tätigkeiten nicht den städtischen Zunftregeln unterworfen waren, stellten sie für nichterbberechtigte Bauernkinder, für Kleinbauern, ärmere Pächter und Landbewohner ohne jeden Besitz entweder die willkommene Ergänzung dürftiger landwirtschaftlicher Erträge oder überhaupt die einzige zugängliche Erwerbsquelle dar. Wenn auch die bäuerlich-handwerklichen Facharbeiter nie ihre wirtschaftliche oder familiäre Abhängigkeit von rein agrarischen Produktions- und Lebensverhältnissen verloren, so bildeten sich doch im Laufe des Mittelalters allmählich zahlreiche spezielle lokale oder regionale Gebräuche, Normen und Ordnungen für ihre Produktionszweige heraus, die nicht weniger streng gehandhabt wurden als die städtischen Zunftordnungen, wie etwa die Verhältnisse im Bergbau zeigen. Fast stets beruhten die ländlichen Gewerbezweige auf grundherrlichen Privilegien, die freilich oft mehr als Gunstbeweise denn unter staatswirtschaftlichen Aspekten verliehen wurden. Erst der absolutistische Staat verschärfte, vereinheitlichte und verallgemeinerte im Rahmen seines wirtschaftlichen Kompetenzanspruchs die gewachsenen Ordnungen des bäuerlich-handwerklichen Kleingewerbes. Zugleich begann der Absolutismus, die Konzessionen und Privilegien nach gesamtwirtschaftlichen Gesichtspunkten umzuverteilen. Dadurch wurde im Laufe des 18. Jahrhunderts eine Konzentrationsbewegung im Bereich der bäuerlich-handwerklichen Wirtschaftszweige eingeleitet. Erfolgreicheren bäuerlichen Handwerkern gelang es besser, sich den verschärften Auflagen anzupassen: Größere Gewinne gestatteten ihnen, andere Betriebe aufzukaufen. Manche dieser erfolgreichen Kleinunternehmer nutzten ihre Anpassungsfähigkeit und Erträge dazu, ihre Werkstätten zu erweitern oder sich mit anderen Besitzern zusammenzuschließen. Hingegen gerieten die weniger erfolgreichen bäuerlich-handwerklichen Facharbeiter gleichzeitig in eine Abhängigkeit von den Kleinunternehmern, wobei das patriarchalische Verhältnis beider Gruppen zueinander den allgemeineren Verhältnissen in den bäuerlichen Großfamilien entsprach. Auch die materielle Bindung an den agrarischen Hintergrund blieb sowohl bei den Kleinunternehmern als auch bei den Facharbeitern bestehen, da beide Gruppen neben ihrer Gewerbearbeit noch Land bewirtschafteten, bis die Industrialisierung der Produktionsverhältnisse diese Bindung endgültig aufhob. Der Zusammenschluß oder die Vergrößerung der ländlichen Gewerbebetriebe ermöglichte im 18. Jahrhundert den wirtschaftlichen Einsatz stark verbesserter, aber auch teurer mechanischer Erfindungen. Hierdurch entstand ein Sog zur Arbeitsteilung innerhalb der Kleinbetriebe. Preußische Gewerberegister – zum Beispiel von 1754 und 1788 – weisen für jeden der wassergetriebenen und im damaligen Sinne vollmechanisierten Eisenhämmer des nördlichen Sauerlandes vier bis fünf Arbeitskräfte aus: Ein Arbeiter bediente das Gerät, während die anderen Zubringertätigkeiten leisteten.

Manche bäuerlichen Kleinunternehmer, aber auch Geldgeber aus der städtischen Kaufmannschaft betätigten sich im 18. Jahrhundert in zunehmendem Maße als sogenannte Verleger: Ohne eigenen Betrieb oder in Ergänzung dazu belieferten sie bäuerlich-handwerkliche Einmann- und Familienbetriebe mit Rohmaterialien und nahmen die Fertigwaren ab. Besonders im Bereich der Textilherstellung und der Kleineisenwarenproduktion florierte diese Hausindustrie, welche der absolutistische Staat durch besondere Handelskonzessionen förderte. Da die Verleger erhebliche Umlaufkapitalien benötigten, hatten sie kein Interesse daran, zusätzlich auch noch Anlagekapital für Geräte, Maschinen oder Produktionsgebäude zu investieren. Diese Last überließen sie ihren Vertragswerkstätten. Die bäuerlich-handwerklichen Arbeiter jedoch waren in der Regel zu solchen Investitionen nicht in der Lage, da sie durch ihre immer stärkere Abhängigkeit von den Verlegern als ihren Rohmateriallieferanten und Abnehmern meist einer gnadenlosen Verelendung ausgeliefert waren. So konnte sich im Bereich der Hausindustrie eine weitergehende Mechanisierung über handbetriebene, einfache Geräte hinaus oder eine Vergrößerung der Werkstätten nicht durchsetzen. Im Grunde stellte die Hausindustrie des 18. Jahrhunderts den Versuch dar, auf der Basis mittelalterlicher Produktionsverhältnisse standardisierte Massenwaren herzustellen.

Besonderer Förderung durch den absolutistischen Staat erfreute sich das Manufakturwesen. Eigentlich waren die Manufakturen überdimensionierte Handwerksbetriebe, von denen sie sich aber in vier wichtigen Punkten unterschieden: Zum ersten unterlagen sie keinen Zunftregeln, sondern staatlichen Konzessionierungen und Reglements; zum zweiten wurden dort, wo es die Produktionsprozesse gestatteten, mechanische Einrichtungen in großem Ausmaße eingesetzt; zum dritten lief in den Manufakturen wie in der Hausindustrie die Arbeit auf die Multiplikation standardisierter Waren hinaus, wobei jedoch im Gegensatz zur Hausindustrie jeder Arbeitskraft im Rahmen einer betrieblichen Zentralplanung die Teilarbeitsvorgänge fest zugewiesen wurden; zum vierten erforderte der Einsatz mechanischer Einrichtungen und wasserkraftgetriebener Maschinen, der erst die Beschäftigung vieler Arbeitskräfte rentabel machte*, bedeutende technische und bauliche Investitionen. Diese vier Merkmale machten die Manufakturen zu funktionierenden Großbetrieben des Absolutismus. Das große Anlagekapital zur Errichtung einer Manufaktur konnte nur der Staat selbst, der Adel oder eine sehr kleine Gruppe privilegierter Bürger aufbringen. Die Arbeiterschaft der Manufakturen, die oft in speziell errichteten Dörfern oder Siedlungen wohnte und häufig einem kleinen bäuerlichen Nebenerwerb oblag, befand sich wegen ihrer Festlegung auf einfache Teilarbeiten und der damit verbundenen Austauschbarkeit sowie einer mit Hilfe der staatlichen Reglements eingeschränkten Freizügigkeit meist in einer ausweglosen

Abhängigkeit von den Eigentümern der Manufakturbetriebe. Obgleich bereits im 17. und 18. Jahrhundert vereinzelt Streiks in diesen Großbetrieben ausbrachen, blieb jene Abhängigkeit im Prinzip unwidersprochen, da sie in ihren Organisations- und Besitzverhältnissen ein weitverbreitetes hierarchisch-patriarchalisches Weltverständnis widerspiegelte.

Das eigentliche Handwerk blieb in seiner Zunftverhaftetheit vom absolutistischen Staat weitgehend unberührt. Zwar setzte der Merkantilismus auch die Produktionskräfte des Handwerks in seine Rechnung ein, veränderte jedoch dessen überkommene Strukturen nicht. Die Starrheit der Zunftordnungen verhinderten die Übernahme neuer Technologien oder modernerer Arbeitsverfahren. Die im 18. Jahrhundert deutlich verhärtete Zulassungspraxis gegenüber jungen Meistern und Gesellen ließ Arbeitskräfte meist in die bäuerlich-handwerklichen Kleinbetriebe oder in die Manufakturen abwandern.

Für die Industrielle Revolution, die in der zweiten Hälfte des 18. Jahrhunderts in England begann und sich von dort im 19. Jahrhundert über ganz Mitteleuropa und Nordamerika verbreitete, waren anfangs drei Grundmerkmale charakteristisch: Als erstes mechanisierten sich bestimmte Produktionszweige mehr und mehr nach dem jeweiligen Entwicklungsstand der Technik; als zweites war die Mechanisierung nur dann rentabel, wenn zugleich die betroffenen Betriebe baulich vergrößert und ihre Arbeitskräfte arbeitsteilig eingesetzt werden konnten; als drittes war der sich aus dieser Entwicklung ergebende wachsende Bedarf an Anlagekapitalien nur von potenten oder besonders begünstigten Geldgebern aufzubringen. Diese drei Merkmale zeigten sich nur im bäuerlich-handwerklichen Kleingewerbe und im Manufakturwesen. Infolgedessen sind in diesen beiden Bereichen die Vorläufer der Industriearchitektur zu finden. Die Zahl der erhaltenen Produktionsbauten ist gering; denn der größte Teil wurde im Verlauf der Industriellen Revolution zugunsten betrieblicher Expansionen abgerissen oder, wenn er nicht verfiel, bis zur Unkenntlickeit umgebaut. So geben zum Beispiel vom Bergbau der vorindustriellen Produktionsformen nur zeitgenössische Abbildungen noch Auskunft über das Aussehen alter Fördereinrichtungen. Großer architektonischer

Aufwand war bei derartigen Bauwerken ohnehin nicht üblich. Ob Kohle, Erz oder Steinsalz gefördert wurde, ganz selten nur überschritt die Schachttiefe 100 m, falls nicht überhaupt im waagerechten oder schrägen Stollenvortrieb von der Erdoberfläche aus vorgegangen wurde. Der Grund für diese Beschränkung lag in der ständigen Gefahr von Grundwassereinbrüchen in tieferen Schächten, die selbst unter Einsatz von komplizierten, wasserkraftgetriebenen Pump- oder Schöpfwerken nicht ganz gebannt wurde. Oft genug standen jedoch für die Wasserhaltung in den Gruben und für die Förderung nur die viel weniger leistungsfähigen Pferdegöpel oder Handwinden zur Verfügung. Für solche Einrichtungen genügte eine kleine Hütte als Wetterschutz. Über

»Ländliche Schachtanlage mit Haspelbetrieb in Frankreich«, 1751, Kupferstich

»Schachtkaue und Bergmannskotten der Zeche Louisenglück in Witten-Bommern«, 1840, Lithographie

dem Mundloch des Schachtes stand eine einfache hölzerne Rollenwinde, mit deren Hilfe in Kübeln das Grundwasser und das Fördergut zutage gebracht wurden. Vier Pfosten senkrecht auf einem Grundrahmen aufgerichtet und mit einigen Längs- und Querlatten zur Befestigung des verbretterten Pultdaches versehen: Dies war der Vorläufer des heutigen Förderturms. Derartige Fördereinrichtungen waren im Prinzip noch um 1840 in Gebrauch, obgleich schon seit etlichen Jahren der dampfmaschinenbetriebene Zechentiefbau begonnen hatte*. Auf der Zeche Louisenglück bei Witten diente die ziegelgedeckte Fachwerkhütte, deren Felder mit Backstein vermauert waren, als Schutzbauwerk für einen vermutlich mit Pferdekraft angetriebenen Göpel. Der rechteckige Ziegelschornstein an der Hangseite des Gebäudes war möglicherweise ein sogenannter Wetterschornstein, der zur Belüftung der Grube diente. Das halbverdeckte Fachwerkhäuschen links neben der Förderhütte könnte ein sogenannter Bergmannskotten gewesen sein.

Fördergerüst der Kleinzeche Egbert, um 1950, Witten-Kämpen

Eine Seltenheit innerhalb der Industriearchitektur stellt das Fördergerüst der Kleinzeche Egbert bei Witten dar, das in den 50er Jahren unseres Jahrhunderts gebaut wurde; aber trotz dieses Datums und trotz des Einsatzes von Elektropumpen und -motoren vermittelt dieses Gebilde doch eine Vorstellung von jenen Zechen, die schon Anfang des 19. Jahrhunderts von der Schutzhütte zu förderturmähnlichen Einrichtungen übergegangen waren. Das Balkengerüst deutet bereits die stählernen, offenen Einbocktürme an, die Mitte des 19. Jahrhunderts zuerst in England aufkamen. Mit fünf Mann Belegschaft war die Kleinzeche Egbert, die erst 1976 stillgelegt wurde, nicht größer als manche Grube aus der Zeit zu Beginn der Industriellen Revolution.

Zu der wenigen erhaltenen Bergwerksarchitektur, die in die bäuerlich-handwerkliche Epoche gehört, muß auch ein Schicht-

Schicht- und Bethäuschen der Zeche Nachtigall, 1823, Witten-Bommern

Schwarze-Ahe-Hammer, um 1790, Herscheid bei Lüdenscheid

und Bethäuschen der Zeche Nachtigall bei Witten-Bommern gerechnet werden. Ähnliche Bauten waren vor allem im sächsischen
Bergbau verbreitet. Solche Häuschen existieren noch in Müsen bei
Hilchenbach im Siegerland, in Obermoschel in der Pfalz und in
Bad Nauheim. Das Wittener Häuschen, welches heute vom Bochumer Bergbau-Museum als Nebenstelle genutzt wird, wurde
auf Anordnung der Preußischen Bergbehörde 1823 ausdrücklich
zur Disziplinierung der Bergarbeiter errichtet. Da die Bergleute
nebenher ihre eigene kleine Landwirtschaft zu bestellen hatten,
kamen sie vor allem im Sommer oft zu spät zur Schicht. Deshalb
befand sich auf dem knapp abgewalmten Dach des Häuschens ein

Glockenstuhl mit der Schichtglocke, die den Beginn der Arbeit anzeigte. Im Obergeschoß hatten sich die Bergleute zu versammeln; nachdem der Schichtmeister ihre Namen verlesen und bei Verspätung Geldbußen »aufgebrummt« hatte, verrichteten sie ein gemeinsames Gebet. Im Untergeschoß des aus Ruhrsandsteinblöcken aufgeführten Gebäudes (dessen Fachwerkteil später angebaut wurde) war ein Werkzeug- und Gerätelager eingerichtet.

Zu den bäuerlich-handwerklichen Produktionsbauten des Metallgewerbes gehörte der Schwarze-Ahe-Hammer bei Lüdenscheid, wahrscheinlich um 1640 gegründet. Der Gebäudekomplex weist heute noch jene Gestalt auf, die er um 1788 gehabt haben muß; die Nutzfläche des unter Denkmalsschutz stehenden Betriebes entspricht noch immer dem ungefähren Flächenbedarf dreier Rohstahlhämmer, welche für 1788 nachweisbar sind. Elf Beschäftigte verarbeiteten auf diesen sogenannten Osemund-Hämmern das ro-

Gelbgießerei Bahrendorf, 1838 ff., Iserlohn

he Gußeisen, das größtenteils aus dem Siegerland herantransportiert wurde, zu Knüppeln und Rohdraht weiter. Solche Hämmer wurden von mächtigen Wasserrädern angetrieben. Deshalb liegt bachaufwärts hinter einem stein- und faschinenbewehrten Lehmdamm der Stauweiher, ein Vorläufer heutiger Talsperren. In seiner kombinierten Fachwerk-Bruchstein-Bauweise ist der Schwarze-Ahe-Hammer typisch für weitere 162 Hammerwerke im nördlichen Sauerland um 1790, die außer Osemund-Eisen auch Reckstahl, Stabeisen, Sensen oder Werkzeuge herstellten.

Ein wesentlich größerer Betrieb war die um 1838 entstandene und nach und nach auf insgesamt zehn Betriebs- und Wohngebäude erweiterte Gelbgießerei Bahrendorf in Iserlohn. Hier wurden aus Messing Baubeschläge, Rohlinge für Knöpfe und Lampen fabriziert. Trotz der verhältnismäßig späten Entstehungszeit gehört dieser Betrieb wegen seiner rein bäuerlichen Fachwerkbauweise

Bergmannskotten Abram, vor 1645, Wengern-Trienendorf bei Witten

Reidemeister-Haus, 1796, Sundwig

architektonisch noch zu den Vorläufern der Industriearchitektur. Die einzelnen Bauten gruppieren sich wie die Wirtschafts- und Wohnbauten eines westfälischen Bauernhofes um eine trapezförmige Hofstatt.

Nicht immer wohnten der bäuerlich-handwerkliche Kleinunternehmer und die Arbeitskräfte in unmittelbarer Nähe der Produktionsstätte wie bei dem Iserlohner Beispiel. So waren etwa die Bergmannskotten der frühen kleinen bäuerlichen Ruhrzechen* oft über die Gemarkungen verstreut. Diese meist geräumigen zweistöckigen Fachwerkhäuser waren ganz auf die agrarischen Bedürfnisse ihrer Bewohner zugeschnitten. Und die Bezeichnung Kotten deutet auch sprachlich auf ländlichen Ursprung hin*. Wie die Arbeiter bewirtschafteten die bäuerlich-handwerklichen Kleinunternehmer bis ins 19. Jahrhundert hinein Ackerland und Vieh. Ihre Häuser unterschieden sich meistens nur durch ihre Größe von denen der Arbeiter. Das Reidemeister-Haus* in Sundwig im nördlichen Sauerland, das einem Kleinunternehmer der Metallverarbeitung gehörte, zeigt jedoch schon einen Repräsentationswillen, der sich nicht mehr mit bäuerlichen Bauformen begnügt und seinen Formenvorrat deshalb der höfischen Architektur des Absolutismus entlehnte. Wenn auch das Bruchsteinmauerwerk und die Schieferdeckung des Daches noch auf bäuerliche Bautechniken und -materialien des nördlichen Sauerlandes verweisen, so kündigte sich im Reidemeister-Haus von Sundwig schon der Übergang zur Unter-

Glasofen der Glasmanufaktur Gernheim, 1826, Petershagen-Övenstedt bei Minden

Padberg & Zintgraff: Louisenhütte (Hauptkomplex), 1833–54, Wocklum bei Balve

nehmervilla (des 19. Jahrhunderts) an, als welche es auch heute noch genutzt wird.

Auch im Bereich des Manufakturwesens finden sich Beispiele bäuerlich orientierter Architektur. Die Glashütte Gernheim in Petershagen-Övenstedt an der Weser wurde 1826 von dem Bremer Kaufmann Schrader in Auftrag gegeben. Um einen kegelförmigen Glasofen gruppierten sich die ziegelgemauerten Betriebsgebäude, eine Korbflechterei, reihenförmig aneinander gebaute, einstöckige Arbeiterhäuschen, ein Haus für den Hüttenmeister, eine kleine Schule und eine Kapelle. Die Bauten, die teilweise erhalten sind, passen sich als Dorf im Dorfe in ihrer norddeutschen Bauweise der Gemeinde ein.

Das bedeutendste fast komplett erhaltene Zeugnis einer von bäuerlichen Bauformen geprägten Manufaktur ist die Louisenhütte in Wocklum bei Balve. 1833 von einem Geometer und einem Hütteninspektor entworfen, besaß diese Eisenhütte einen 7 m hohen, steinernen Hochofen, der 1854 im Rahmen einer Erweiterung des Betriebes auf 11 m aufgestockt wurde. Der Ofen befindet sich im turmähnlichen Kernbau der Anlage, welcher nur in seinem oberen Teil, der sogenannten Gichtbühne, einige Fenster hat. Hinter dem Ofenturm liegt zur Bergseite hin der Möllerboden zur Beschickung mit Erz, Koks und Zuschlägen, die über eine schräge Holzrampe mit Schiebekarren hinaufbefördert werden mußten. Rechts vom Ofenturm befindet sich der Maschinenraum mit dem Wasserrad für das Gebläse, dessen Wind mit Gichtgas vorgeheizt wurde. Dort steht auch die kleine Dampfmaschine, die nur als Notaggregat bei Wassermangel anstelle der Wasserkraft eingesetzt wurde. Das Zwillingsgebäude an der Frontseite des Ofenturms enthält die Roheisengießerei und die Feingießerei mit zwei kleinen holzkohlebefeuerten Kupolöfen. Hinter dem Komplex der Hauptgebäude erstreckt sich der Stauweiher. Auf dem Hüttengelände ringsum gab es noch eine Holzkohlefabrikation, ein Frischhammerwerk zur Knüppelstahlerzeugung, einen Lagerschuppen, ein Schlackenpochwerk und ein Schreibhäuschen für die Hüttenverwaltung.

Die bisher angeführten Vorläufer der Industriearchitektur sind von ihren Gestaltwerten her bäuerliche Bauwerke. Durchweg wurden Materialien der jeweiligen Region – wie Bruchstein, Ziegel, Holz, Lehm oder Schieferplatten – benutzt. Man pflegte landstrichübliche Steinverbindungen, Fachwerktechniken und Ständerkonstruktionen ebenso wie die entsprechenden Dachformen und -tragwerke von den bäuerlichen Baugestalten auf die bäuerlich-handwerklichen Produktionsstätten zu übertragen. Zuweilen jedoch traten durch die Lage des Bauwerks bedingt oder aus Gründen der Produktionstechnologie Abwandlungen der regionalen bäuerlichen Baugestalt auf. In engen Flußtälern setzte man zum Beispiel leichte Bauteile auf dicke, übermannshohe Bruchsteinsockel, um die Gebäude hochwassersicherer zu machen und um gleichzeitig massive Auflager für Wasserräder zu gewinnen. In Bauten für die Metallverarbeitung wurden oft die besonders feuergefährdeten Ofen- und Schmiedezonen in deutlich sichtbarem Ziegel- oder Bruchsteinmauerwerk angelegt. Doch veränderten solche

Kleinzeugschmiede Koordt aus dem 18. Jahrhundert, Ennepetal-Berninghausen

Abwandlungen die bäuerliche Gestalt der Produktionsgebäude nur unwesentlich.

Wo die Technologie des Betriebes eine andere Baugestalt erzwang, wurden die Gebäudeformen des regionalen bäuerlichen Bauens teilweise aufgegeben. Die fast flachen Sattel- oder Pultdächer an Hammerwerken des nördlichen Sauerlandes standen in deutlichem Gegensatz zu den üblichen Dachformen der Region; diese waren wegen der starken winterlichen Schneefälle im allgemeinen recht steil. Die flacheren Dächer der Hammerwerke besaßen jedoch den Vorteil, daß man statt mit Ständerkonstruktionen mit Holzbindern auskommen und so den Arbeitsraum von störenden Stützbalken frei halten konnte. Auch bei der Herstellung von Seilen oder Schiffstauen verlangten Produktionsprozeß und Fertigprodukte eine Sonderbauform, wie das Beispiel einer fast 70 m langen Seilerei zeigt (die in Hagen wieder aufgebaut wurde).

Reeperbahn und Hanflager einer Seilerei, Anfang 19. Jahrhundert, Hagen/
Westfalen (Rekonstruktion im Westfälischen Freilichtmuseum)

Auch der bäuerliche Hintergrund freistehender Aggregate wird
aus der Verwendung bodenständiger Materialien und entsprechen-
der Bautechniken deutlich. Der Glasofen von Petershagen-Övenstedt besitzt die Gestalt eines mächtigen, abgestumpften Kegels in
Ziegelbauweise, dessen Höhe 20 m und dessen Durchmesser an der
Basis 18 m beträgt. Der festungsartige Turm wirkt wie ein Symbol für die Macht des Eigentümers der Manufaktur. Doch diese
Gestalt ergab sich aus technologischen Erfahrungen und Erfordernissen als die günstigste Kombination aus dem im Inneren befindlichen bienenkorbförmigen Schmelzofen, dem Rauchabzug und einer Ummantelung mit möglichst geringer Wärmeabstrahlung.
Auch die Wetterschornsteine früher Zechen, die über besonderen
Entlüftungsschächten standen, sind in ihrer Gestalt nur von tech-

nischen Faktoren abhängig. Das gleiche gilt etwa für Kalköfen oder Gradierwerke.

Insgesamt zeigen diese Produktionsbauten dieselbe Nüchternheit wie die gleichzeitige allgemeine bäuerliche Architektur. So stellt denn auch eine Tabakfabrik aus der Mitte des 19. Jahrhunderts aus Glandorf, die im Hagener Freilichtmuseum rekonstruiert wurde, eine Ausnahme dar. Farbig gefaßte und reich geschnitzte Fachwerkbalken, vorgesetzte hölzerne Schmuckelemente wie Fialen oder Reliefplatten kontrastieren mit dem schwarzbraunen

Wetterschornstein
der Zeche
Blankenburg,
um 1855,
Herbede/Ruhr

Ständergerüst des Gebäudes und den hellbraun gefärbten Zwischenfeldern. Freilich rührt die Farbgebung dieser Felder nicht aus ästhetischen Erwägungen her, sie kommt vielmehr von einem Anstrich mit Nikotinbrühe, die zur Schädlingsbekämpfung benutzt wurde.

Was bestimmte in der Regel die am bäuerlichen Bauen orientierten Vorläufer der Industriearchitektur? Eine sich über Jahrhunderte hinweg sich kaum weiterentwickelnde Technologie, eine scheinbar unauflösbare Altershierarchie unter den bäuerlich-handwerklichen Facharbeitern und die ideelle Identität des Gebrauchswertes mit dem Repräsentationswert der Produktionsgebäude machen auch diese Gebäude zum Widerspiegel allgemeiner agrarischer-patriarchalischer Gesellschaftsstrukturen. So bildeten die Produktionsbedingungen, die Verhaltensweisen der Arbeiter und die architektonischen Gestaltwerte ein in sich geschlossenes und rückgekoppeltes Ausdruckssystem, das nur durch tiefgehende technische Erschütterungen aufgebrochen und verändert werden konnte. Abgesehen von diesem historischen Aspekt weisen die genannten Vorläufer der Industriearchitektur noch eine zweite Ausdrucksnuance auf, die in die Zukunft gerichtet ist. Der nüchterne Pragmatismus, der aus ökonomischen Gründen verbot, in das vorindustrielle Produktionsgebäude mehr zu investieren, als dessen technischer Gebrauchswert erforderte, machte diese Bauwerke zu Prototypen der Ingenieurbauten des 19. und 20. Jahrhunderts. Der Schwarze-Ahe-Hammer bei Lüdenscheid, der heute einer romantisierenden Sentimentalität leicht als Idylle erscheinen mag, steht dem Salforder Modell von Watt und Boulton näher, als ein flüchtiger Blick erkennen läßt; denn beide Bauwerke sind im Grunde nach demselben Prinzip gebaut. Unter Anwendung der jeweils kostengünstigsten technischen Standards wurde der größtmögliche ökonomische Effekt angestrebt. Dabei klammerte man alle irrationalen repräsentativen Zwecke, soweit sie sich nicht allein in der Größe der Gebäude manifestierten, von vornherein aus. In diesem Sinne stellen die am bäuerlichen Bauen orientierten Vorläufer der Industriearchitektur die prinzipielle Basis dar, auf welcher die von den Ingenieuren konzipierten späteren industriellen Bauwerke beruhten.

Kalkofen, um 1850, Bremerhaven-Lehe

MANUFAKTUREN

Nicht alle Vorläufer der Industriearchitektur orientierten sich am
bäuerlichen Bauen. Vor allem die größeren Manufakturen, die der
absolutistische Staat und der Adel besaßen, zeigen ein anderes Ge-
sicht. Schon allein wegen ihrer wesentlich höheren Belegschafts-
zahlen sprengten diese Betriebe die Größenvorstellungen, welche
den bäuerlich-handwerklichen Kleinbetrieben zugrunde lagen. Bereits 1590 hatte Papst Sixtus V. von Domenico Fontana Pläne für
eine Textilmanufaktur ausarbeiten lassen, deren Betriebsgröße
alles bis dahin Bekannte übertreffen sollte. Um das unbeschreib-
liche soziale Elend unter den Volksmassen Roms zu beheben, ent-
schloß er sich zur staatlichen Förderung des Textilgewerbes. Deshalb war der Plan zur Errichtung eines großen Spinnereibetriebes
folgerichtig. Doch daß Sixtus seinen Hofbaumeister mit dem Umbau des antikrömischen Amphitheaters Colosseum beauftragte, war
nicht nur eine originelle Idee zur Nutzung der ungeheuren ruinö-
sen Baumasse, sondern lief im Prinzip schon auf eine enge Verzah-
nung von Produktionsbetrieb und Arbeiterwohnung hinaus, wie
sie in späteren Großmanufakturen häufig verwirklicht werden
sollte: Im Erdgeschoß des Colosseums die Werkstätten – in den
oberen Stockwerken, soweit sie erhalten waren, die Wohnräume
für Arbeiterfamilien. Des Papstes Tod im Jahr der Bauplanung
und der ersten Vorarbeiten zerschlug die Durchführung der Pläne,
sonst wäre wohl in Rom die erste große Arbeitersiedlung in un-
mittelbarem Zusammenhang mit einem Großbetrieb entstanden.
   Handelte es sich bei den Umbauplänen des Colosseums im wört-
lichen Sinne um eine Notlösung, so war der Gebäudekomplex der
Papiermühle von Montargis von vornherein als große Manufaktur geplant. Ein Kupferstich von 1751 zeigt einen großen drei-
stöckigen Hauptbau, in welchem die Verwaltung und die Produk-
tionsräume untergebracht sind. Es fällt auf, daß dieses Gebäude

»Papiermanufaktur in Montargis/Frankreich«, 1751, Kupferstich

nur drei verhältnismäßig kleine Eingänge besitzt, während zwei
Wassergräben, die von kleinen Übergängen überbrückt werden,
aus einem streng symmetrisch angelegten Zuflußsystem dominierend in die Front einmünden. Im Inneren des Hauptgebäudes befanden sich unmittelbar hinter den Einmündungen zwei mächtige
unterschlächtige Wasserräder, welche über komplizierte Mechani-
ken die Stampf- und Schneidwerke für die Hadern antrieben.
Rechts und links vom Haupttrakt sind zwei freistehende Nebentrakte vorgesetzt, welche die Wohnräume für die Manufaktur-
arbeiter enthielten. Weiter zurückstehend gliederten sich – der
Symmetrie der Anlage entsprechend – Stall- und Lagergebäude zu.
Der Standort der Manufaktur war so gewählt, daß der Zufluß der
Wasserkraft zugleich als Transportweg für Lastkähne mit dem
Rohmaterial genutzt werden konnte.

Fontana hatte bei des Colosseums Umbau zu einer Manufaktur
von den Gestaltwerten der Architektur der römischen Kaiserzeit
ausgehen und auf diese Weise einen überkommenen repräsentativen Gestaltkanon mit einem Gebrauchswert seiner Zeit verbinden müssen, wobei die vollständige Einvernahme eines imperialen
Bauwerkes dem Repräsentationswillen des päpstlichen Bauherrn
durchaus entgegenkam, jedoch der uns unbekannte Baumeister der
Papiermanufaktur von Montargis bezog sich auf Gestaltwerte des

höfischen Bauens der eigenen Zeit. Die Gliederung des Gebäudekomplexes verrät auf den ersten Blick den Einfluß der Schloßarchitektur des 17. und 18. Jahrhunderts. Die Symmetrie der Anlage sowohl im Aufriß wie auch im Grundriß ist ein hierarchischer Gestaltwert, der alle feudale Architektur als Grundzug kennzeichnet. Auch die Verwendung von Mansardendächern, die Andeutung eines Mezzaningeschosses im Mittelbau, die kleinen freitreppenartigen Türaufgänge an den Schmalseiten der Nebentrakte sowie die Anordnung der Wege, Wasserläufe und Gartenflächen weisen auf Gestaltwerte hin, welche dem geläufigen höfischen Bauen jener Zeit entstammen. Freilich war das Gebäude kein Schloß für den Adel gewesen. Eher kann man es ein Schloß für die Arbeit nennen. Infolgedessen ist es logisch, daß der symmetrische Bezugspunkt der Anlage nicht in dem Mittelrisalit bestand, das traditionell bei Schössern dominierend die Hoheit des Herrschers verkörperte, sondern in einer Uhr, die unübersehbar und genau im oberen Bereich der senkrechten Frontachse des Hauptgebäudes läuft! Dieses Frontispiz kündigte eine neue Herrschaft an. Als scheinbar nur rationales Instrument, mit dessen Hilfe sich Zeit als Kategorie ökonomisch verwertbarer Organisation verplanen läßt, besitzt diese Uhr, die sich in ähnlicher Verwendung später an zahllosen Beispielen der Industriearchitektur wiederfindet, in Wirklichkeit einen äußerst eindringlichen Zeichencharakter. In ihrer Kreisform nimmt sie den uralten Symbolwert für das Göttliche, für den ewigen Kreislauf des Kosmos und für die Unausweichlichkeit aller natürlichen Gesetzmäßigkeit auf. Deshalb verleiht die Uhr demjenigen, der es versteht, sich ihre Rationalität und ihre Symbolkraft dienstbar zu machen, etwas geradezu Unangreifbares. Noch ist derjenige, dem die verplante Zeit und die mit ihrer Hilfe organisierte Arbeit nutzt, der absolutistische Staat. Dieser Herrschaftsanspruch auch über die Arbeitskraft des Volkes drückt sich darin aus, daß in der Anlage von Montargis im Hauptgebäude außer den Arbeitsstätten auch die Verwaltung der Manufaktur untergebracht war. An diesem Platz im Zentrum einer Schloßanlage, der sonst allein dem Feudalherrn zukam, vertrat die Verwaltung den adeligen Besitzer des Betriebes, der seinerseits den Arbeitern als Stellvertreter der Staatsgewalt erscheinen mußte. Diese nahtlose architektonische Identität von Arbeits- und Staatsautorität, in deren beider Abhängigkeit sich das arbeitende Volk befand, markiert, wenn auch verschlüsselt, im Grunde dasselbe hierarchisch-patriarchalische Gesellschaftsbewußtsein, das die bäuerlich-handwerklichen Vorläufer der Industriearchitektur charakterisierte.

Dieses Bewußtsein sollte seinen wohl perfektesten Ausdruck in der Arbeitsstadt Chaux nach den Vorstellungen ihres verhinderten Schöpfers Claude-Nicolas Ledoux erhalten, der 1771 dank der Favoritin Ludwigs XV., der Gräfin Dubarry, Bauinspektor des königlichen Salinenwesens geworden war. Für die Saline Salins-les-Bains im französischen Jura entwarf der Baumeister 1773 einen Neubau, wobei er den Betrieb einige Meilen weiter in die Nähe der beiden waldreichen Dörfer Arc und Senans verlegte. Kurz vor seinem Tode nahm der König den Plan gegen den Rat seiner Minister an. 1775 gab sein Nachfolger Ludwig XVI. den Befehl zum Bauen. Ledoux hatte eine ellipsenförmige Anlage entworfen, die nach den umliegenden Wäldern den Namen Chaux erhalten sollte. Zwei einstöckige gleiche Sudhäuser bildeten die große Achse zusammen mit dem genau im Mittelpunkt stehenden zweistöckigen Haus des Direktors. In Verlängerung der großen Achse standen auf dem Umfang der Ellipse zwei Beamtenhäuser. Der Umfang selber wurde von neun einstöckigen Arbeiterhäusern und einem Eingangsgebäude dargestellt. Hinter den Arbeiterhäusern lagen 72 strahlenförmig angelegte Hausgärten, die mit den Zufahrtsstraßen und zwei großen Plätzen in Verlängerung der großen Achse nach außen hin korrespondierten. Ein zweiter Ellipsenring, als Umfahrtsstraße angelegt, sollte die Saline vom Umgelände trennen und zugleich mit ihm verbinden.

Während des Baus der Saline wuchs sich das Projekt allmählich durch zusätzliche Entwürfe des Baumeisters zu einer ganzen Stadt aus. Neben einer Faß- und Holzkohleproduktion sollten eine Gewehrfabrik (s. S. 54), eine Kirche, eine Schule, ein Markt, eine Börse, ein Hospital, Bäder und zahlreiche weiterer Wohnhäuser zu einer Stadt auf der grünen Wiese vereinigt werden. Ein Tempel des Friedens, ein Haus der Händler, eine Ruhmeshalle der Frauen, ein Gebäude der Einigkeit, ein Meditationsbau, ein Bor-

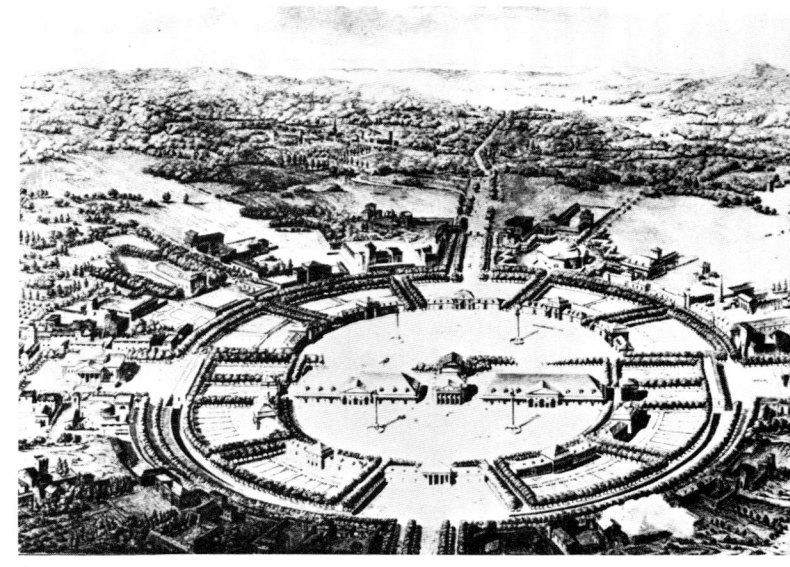

Claude-Nicolas Ledoux »Salinenstadt Chaux« (Entwurf), um 1773 (vgl. S. 54)

dell, Spielhäuser und weitere öffentliche Gebäude rundeten das Konzept eines absolutistischen »Wolfsburg« ab; der utopische Charakter dieses Konzeptes wurde um so deutlicher, als die vergeblichen Manipulationen des Finanzministers Necker den bevorstehenden Staatsbankrott Frankreichs mehr entlarvten, denn verhindern konnten. 1779 wurde der Bau der Saline eingestellt.

Immerhin war die Saline, deren Fragmente noch heute stehen, zu diesem Zeitpunkt bereits produktionsfähig. Die große Achse mit den Sudhäusern und dem Haus des Direktors sowie der halbe Umfang mit den beiden Beamtenhäusern, vier Arbeiterhäusern und dem Eingangsgebäude waren fertiggestellt worden. Aber gerade die Produktionsfähigkeit der Saline auch als Torso beweist, daß Ledoux' Gesamtkonzeption auf mehr hinauslief als auf bloßen Produktionsnutzen.

Das Projekt von Chaux hat hohen Symbolwert. Der Versuch des Baumeisters, den Charakter der Arbeit architektonisch widerzuspiegeln, indem er beispielsweise den Häusern der Köhler die vereinfachte Form eines Meilers gab, die Faßmanufaktur mit Hilfe ringförmiger, daubenartiger Elemente gliederte oder das Haus des Quellwächters des Flüßchens Loue in eine steinerne Quelle verwandelte, läßt sich klar an den erhaltenen Entwurfszeichnungen ablesen. Unter dem Einfluß der Gedankengänge von Jean-Jacques Rousseau wollte Ledoux offensichtlich die Zusammenhänge zwischen den Naturkräften und den menschlichen Grundbedürfnissen, wie sie sich in menschlicher Arbeit manifestieren können, architektonisch verdeutlichen. Für diese These sprechen vor allem Ledoux' eigene theoretische Äußerungen noch kurz vor

Claude-Nicolas Ledoux:
Dekoratives Element
an einem Sudhaus
der Saline von Chaux,
1775–79,
Arc-et-Senans/Frankreich

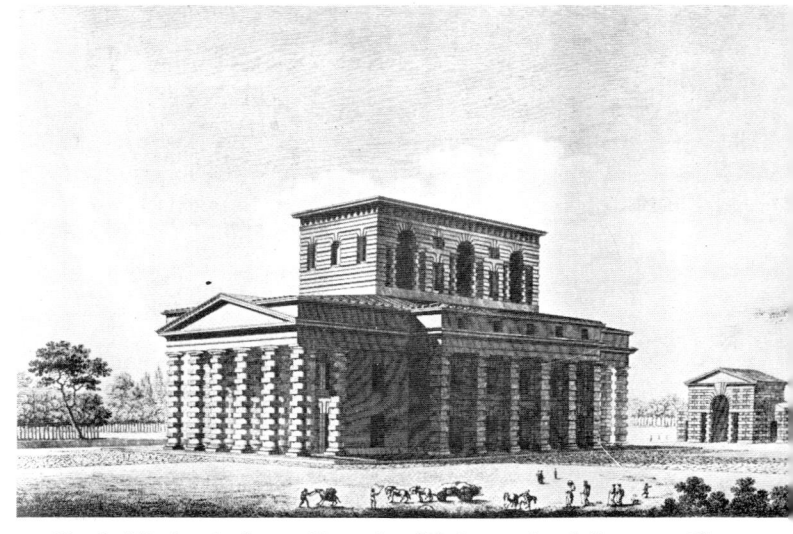

Claude-Nicolas Ledoux »Haus des Direktors der Saline von Chaux«,
Stich von Coquet & Bovinet, 27 × 39 cm

seinem Tode*. Wenn er also in Chaux die Versinnbildlichung einer natürlichen Moral im Sinne Rousseaus am Beispiel der menschlichen Arbeit vorhatte, so muß es auffallen, daß sich sowohl aus
den Gestaltwerten der Gesamtanlage wie auch aus dem Zentrum
der Stadt, der eigentlichen Saline, andere Ausdrucksqualitäten
ablesen lassen. Die erhaltenen Gebäude der Saline und der
Grundriß der Gesamtanlage spielen nämlich nicht bloß auf Naturkräfte oder auf einfache Arbeitsverfahren im Sinne der Zivili-
sationskritik Rousseaus an. Nur ganz beiläufig als dekorative Elemente verwandt, befinden sich auf den wuchtigen Kalksteinfas-
saden der Arbeiter- und Sudhäuser in Stein gehauene, nach außen
gestülpte Mündungen, aus denen erstarrte Salzlauge zu quellen
scheint. Und fast versteckt ist der Raum hinter dem Säulenportal
des Eingangsgebäudes, der wie eine Salzgrotte plastisch ausgebildet wurde. Sonst aber folgen die Bauformen eindeutig dem Ka-
non der Herrschaftsarchitektur des Absolutismus.

Claude-Nicolas Ledoux: Haus des Direktors der Saline von Chaux, 1775–79, Arc-et-Senans/Frankreich

Die Arbeiter- und Sudhäuser nehmen mit ihrer strengen Symmetrie und vor allem mit den gedrungenen Mittelrisaliten Motive der Schloßarchitektur auf. Wenn auch Ledoux wegen der bewußten geometrisierenden Vereinfachung seiner Bauformen über seine Zeit hinausweist, so sollte das nicht darüber hinwegtäuschen, daß er alte architektonische Hüllen für neue Arbeitsformen verwandte. Dieses im Grunde unangemessene Verfahren, das auf eine Bereitstellung adeliger Bauformen für das arbeitende Volk hinauslief, konnte nur dann legitim erscheinen, wenn es vor dem Auge einer höheren »Gottheit«, die sinnbildlich im Tempelbau des Direktors der Saline thronte, gerechtfertigt wurde. Natürlich ist es das Auge des allesbeherrschenden absolutistischen König, des Herrn über die Saline, über ihren Nutzen und über ihre Diener, das mit dem Okulus im Giebelfeld des Direktionstempels gemeint war. Da dieses Gebäude jedoch nicht nur das Zentrum der Saline, sondern auch der ganzen Stadtanlage von Chaux sein sollte, kann es nur als die letzte, einschüchternde Überhöhung, ja als der Endzweck aller naturbedingten Arbeitsmoral, die sich in den anderen Gebäuden der Stadt ausdrücken sollte, verstanden werden. So wurde der hierarchisch-patriarchalische Staatsgedanke des Absolutismus als Krönung der Naturkräfte und der Arbeitsmoral dargestellt. Ledoux erhob auf diese Weise in deutlicher Abweichung von Rousseau den Absolutismus in den Rang der höchsten, unabänderlichen Naturgewalt. Somit verkörpert das Projekt von Chaux den reinen Typus einer feudalen Herrschaftsarchitektur. Neu war an ihm, daß innerhalb einer speziellen Stadtkonzeption neben der Arbeit nun auch die Natur dem Totalitätsanspruch absolutistischen Herrschens unterworfen werden sollte. Als Vorläufer der Industriearchitektur kündigte es eine architektonische Entwicklung an, die erst mit der Entfaltung der Industriellen Revolution im 19. Jahrhundert aktuell werden sollte: den Bau der Industriestadt.

Claude-Nicolas Ledoux »Salinenstadt Chaux«, um 1773 (vgl. S. 50)

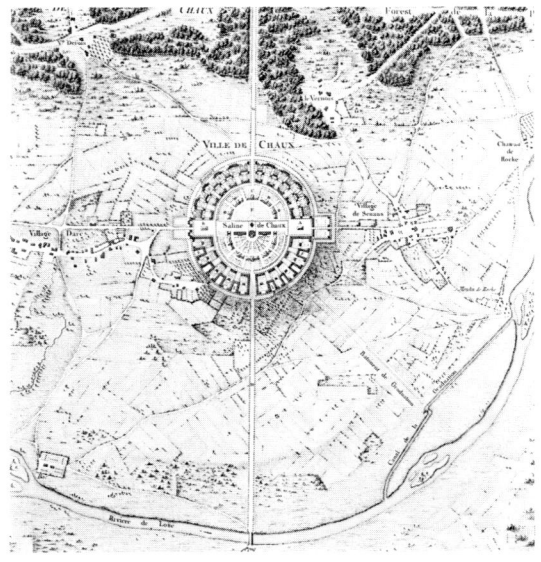

TÜRME UND »PALAZZI«

Es waren vor allem die hohen Betriebskosten für Dampfmaschinen, die in der Frühphase der europäischen Industrialisierung bis etwa 1830 verhinderten, daß diese neuartige Kraftmaschine überall zum Einsatz kam. Erst als der Zechentiefbau auf Grund verbesserter Fördereinrichtungen mit der Hilfe hoch entwickelter Dampfmaschinen weiter um sich griff, sanken die Kohlenpreise; und da die Ausbreitung des Eisenbahnnetzes den schnellen und billigen Transport von Kohle an viele Orte ermöglichte, begann allmählich die Dampfmaschine das Wasserrad und den Pferdegöpel in breitem Maße zu ersetzen. Daß Watts Dampfmaschine trotz dieser Hemmnisse in der englischen Textilindustrie des Lancashire-Distrikts seit 1785 schnell in Gebrauch kam, lag teilweise an der günstigen Möglichkeit, Kohle aus den benachbarten Distrikten Chester und Wakefield zu beziehen. Gewiß lag der massierte Einsatz des neuen Kraftaggregates aber auch an einem Vorzug, der zuweilen übersehen wird und gerade in Westengland erweislich wurde.

Zum ersten Male besaß nämlich die Menschheit mit der Dampfmaschine eine Quelle mechanischer Kraft, die (anders als Wasser-, Wind- oder Muskelkraft) standort-, wetter- und ermüdungsunabhängig war. Gerade die Standortunabhängigkeit der Dampfmaschine kam den Baumwollspinnereien und Tuchwebereien in der Westregion der britischen Insel zugute, da hier einerseits der Einsatz von leistungsfähiger Wasserkraft begrenzt war und andererseits die Nähe zu den Baumwollimporthäfen eine Expansion der westenglischen Textilindustrie begünstigte. Wie gewaltig die Dampfmaschine diese Expansion über den Zeitraum von etwa 65 Jahren förderte, zeigt folgender Vergleich: England importierte 1776 etwa 5 Millionen Pfund Rohbaumwolle, 1841 bereits 528 Millionen Pfund; für ihre Verarbeitung wurden

33 000 PS Dampfkraft benutzt, was etwa dem Einsatz von 3300 Dampfmaschinen entsprach.

In der englischen Textilindustrie hatte sich in der zweiten Hälfte des 18. Jahrhunderts auch jene andere Tendenz angedeutet, die – mindestens im gleichen Maße wie die Dampfmaschine – für allmähliche Ausbreitung der Industriellen Revolution in der Zeit zwischen 1760 und 1870 verantwortlich gemacht werden muß. Da für die Unternehmer die menschliche Arbeitskraft ein hoher Kostenfaktor war und ihnen die radikale Senkung der Löhne zur Steigerung ihrer Gewinne nicht genügte, griffen sie begierig nach einer Kette von Erfindungen, seitdem James Hargreaves 1764 die vollmechanisierte Spinnmaschine namens »Jenny« erfunden hatte. Die immer stärkere Mechanisierung der Arbeitsverfahren lief zugleich auf eine immer rasantere Multiplikation der Produkte hinaus, was bei steigenden Gewinnen und der Eroberung immer neuer Märkte für Massenwaren und bei Vergrößerung der Produktivität erlaubte, die Zahl der Arbeitskräfte zu verringern. 1834 waren in England 8 Millionen Baumwollspindeln auf mechanischen Spinnmaschinen in Betrieb. Hier zeigten sich zuerst auch weitere Tendenzen, durch welche sich die Industrielle Revolution als ein tiefgreifender gesellschaftlicher Veränderungsprozeß ausbreitete: die Expansion des Kohlenbergbaus, die Weiterentwicklung der Eisenmetallurgie, die Errichtung von Eisenbahnnetzen und eine unübersehbare Zahl von Erfindungen auf dem Gebiet des Maschinenbaues. Die auffällige Tatsache, daß sich diese revolutionierenden Entwicklungen bis etwa zur Mitte des 19. Jahrhunderts hauptsächlich in England abspielten, hat seit Friedrich Engels zahlreiche Historiker und Soziologen beschäftigt. Mit Sicherheit ist diese technologische Entwicklung vor allem auf einen politischen Grund zurückzuführen: Absolutismus und Merkantilismus hatten sich in England – im Gegensatz zu den Ländern des europäischen Festlandes – nie durchsetzen können, weil das englische Wirtschaftsleben seit dem 17. Jahrhundert vom Zugriff des absolutistischen Staates freigeblieben war.

Damit war der Boden für die wirtschaftsliberalistischen Gedankengänge Adam Smiths bereitet, in welchen das englische Bürgertum die ideologische Rechtfertigung für seine ökonomische

Vorherrschaft in Gesellschaft und Staat fand, die in politische Übermacht mündete. Der wirtschaftliche Liberalismus im Sinne von Smith und David Ricardo forderte das »freie Spiel der Kräfte« und bezog seine Legitimation aus dem Naturrecht und den Thesen der Aufklärung, die das Recht des Menschen auf Selbstverwirklichung forderten. Die Kernauffassung dieses Wirtschaftsliberalismus bestand in dem Verlangen danach, daß der Staat sich auf den Schutz privater ökonomischer Interessen zu beschränken habe, und in dem Vertrauen darauf, daß die freie Entfaltung dieser Privatinteressen zu einer allgemeinen Prosperität und einer gerechten Verteilung des Wohlstandes im Sinne persönlicher Leistung führen müsse.

Diese scheinbare Chancengleichheit aller Bürger auf dem Wege zu Besitz – und damit zur Macht – war eine Fiktion. Ihre Annahme ließ den Hintergrund historischer oder persönlicher Vorgaben außer acht; denn selbstverständlich hatte derjenige auf dem Wege zum Wohlstand stets einen Vorsprung, der bereits Besitz hatte. Die Ideologie des wirtschaftlichen Liberalismus lief in der Frühzeit der Industrialisierung darauf hinaus, den hemmungslosen Erwerbssinn einzelner, deren rücksichtslose ökonomische Selbstverwirklichung, die radikale Ausbeutung von Menschen und Naturschätzen sowie einen erbarmungslosen Konkurrenzkampf innerhalb der Industrie zu legitimieren.

Auch auf dem Kontinent griff die Industrielle Revolution um sich. Wirtschaftspolitisch bedeutete die allmähliche Durchsetzung des Liberalismus: Abbau von Gewebezwängen und anachronistischen Zollschranken, Einführung einheitlicher Münz- und Maßsysteme in größeren Gebieten, Revision des Aktien- und Beteiligungsrechtes, Zurückdrängen der Staatsaufsicht in einzelnen Gewerbezweigen, die – wie etwa im preußischen Bergbau – tief in die technischen Abläufe der Produktion oder in das Recht auf Freizügigkeit der Arbeiter eingegriffen hatte. Diese Veränderungen kamen vor allem den Unternehmern zugute und waren zusammen mit der lawinenartig anwachsenden Zahl technologischer Erkenntnisse der Hauptgrund für den steigenden Expansionsdrang der Industrie. Die über Jahrhunderte hinweg statisch gebliebenen Produktionsverhältnisse der europäischen Gesellschaften begannen sich zu dynamisieren, was für die Industriearchitektur von entscheidender Bedeutung war: Bauwerke und freistehende Aggregate veralteten schneller als früher; dieser Alterungsprozeß wurde immer mehr nicht durch Abnutzung, sondern durch den Zwang hervorgerufen, die an sich noch brauchbaren Einrichtungen aus Konkurrenzgründen durch modernere und leistungsfähigere Anlagen zu ersetzen. Bei der Durchsetzung liberalistischer Wirtschaftspolitik hielten sich die Unternehmer anfangs geschickt im Hintergrund. Nur dort, wo der nachabsolutistische Staat – im Sinne von Adam Smith und David Ricardo – den Schutz oder die Privilegierung ihrer Interessen verhieß, identifizierten sie sich offen mit Monarchen, Adligen und Staatsbeamten*. Ein großer Teil der Unternehmer entstammte der »Hefe des Volkes«, aus der sie sich vermöge technischen Wissens, Erfinderglückes, persönlicher Rücksichtslosigkeit und Bereitschaft zum ökonomischen Risiko herausgelöst hatten. August Borsig war ursprünglich Zimmermann, Matthias Stinnes d. Ä. begann als Ruhrschiffer. Aber auch von solchen Unternehmern, die ihre Karriere mit beachtlichen finanziellen Vorgaben gestartet hatten – wie Friedrich Krupp oder Friedrich Harkort – wurde ihres Bürgertums Abstand zu Königen und Adligen als so groß empfunden, daß die Identifikation mit den alten, traditionsreichen Institutionen zu einer Steigerung des Selbstbewußtseins führen mußte. Harkort charakterisierte die »Großen Industriellen« 1844: »Der Fabrikunternehmer steht da als Monarch, die Arbeiter wie beratende Stände, von Jahr zu Jahr einberufen«*. Die Institution des Monarchen als Leitbild des Unternehmers war die eine Komponente der Identifikation, – und welches vorbildhaftere Leitbild hätte man wohl finden können, das partriarchalische Gesinnung mit expansiver Militanz besser verbunden hätte! Als sich ihre wirtschaftliche Macht im letzten Drittel des 19. Jahrhunderts wegen ihres unübersehbaren Eigengewichts offen in politische Einflußnahme umsetzen ließ, konnten manche Unternehmer sich mit Königen und Fürsten durchaus ebenbürtig fühlen, die ja mittlerweile vom Kapitalismus zwecks Sicherung der Staatshaushalte und Beschäftigung der Volksmassen völlig abhängig geworden waren*. Es zeigte sich nun, daß der Kapitalismus alte Führungs- und Verhaltensmodelle feudaler Herkunft adaptiert hatte. Ausdrücke wie »Kanonenkönig« oder »Schlotbaron« begannen ihren spöttischen Unterton zu verlieren und Respekt für Macht im breitesten Sinne zu verkünden.

Eine weitere Komponente der Identifikation des Unternehmers mit dem Staat bestand im Patriarchalismus. Trotz den Revolutionen von 1789, 1830, 1848 und der Pariser Kommune von 1871 blieb der patriarchalische Bezug zwischen Obrigkeit und Untertan allgemein bestehen. Es war nur logisch, wenn sich die kapitalistischen Unternehmer anhand des Leitbildes »Königtum« selbst als Patriarchen verstanden. Patriarchalisch vertraten sie ihren »Herrn-im-Haus«-Standpunkt, wenn es um die Produktionsmittel, Gewinne und Mehrwerte, um die Festsetzung von Löhnen oder die Entlassung vermeintlicher Ruhestörer und überzähliger Arbeitskräfte ging. Die Brutalitäten und Egoismen, die oft ein unbeschreibliches Elend unter den Arbeitermassen hervorriefen, vertrugen sich im Selbstverständnis der frühkapitalistischen Unternehmer mit partiellen sozialen Maßnahmen. Harkorts Äußerungen von 1844 sind eine wahre Fundgrube dafür, daß man sich im frühen Kapitalismus auch Gedanken über die Verhältnisse der Arbeiter, über Fragen des Wohnens, der Hygiene, der Volksgesundheit, der Kindererziehung, der Ausbildung oder über angemessene Löhne machte. 1865 schrieb Alfred Krupp in einem Brief an die Prokura seiner Firma: »Wäre es wohl geeignet, bei der notwendig wachsenden Zahl solider Handwerker darauf zu sinnen und durch befähigte Architekten, welche Zeit dazu haben, Entwürfe machen zu lassen für Familienwohnungen auf eigenem bestgelegenem Boden des Etablissements, da wo die Wohnungen bequem sind und niemals die Erweiterung der Anlagen genieren können«*.

Das Motiv solcher Fürsorge wird klar, wenn man liest, was Krupp 1844 an den Wuppertaler Fabrikanten Sölling über Löhne schrieb: »Will man fragen, für welchen billigen Lohn man hier einen Menschen haben kann, so bringe ich hier in Maße sieben, acht oder neun Silbergroschen pro Tag zusammen. 9 Sgr. ist der eigentliche Lohn, wir geben aber allen Leuten 1 Sgr. mehr ... sie sollen einen außergewöhnlich guten Lohn haben im Vergleich gegen andere Arbeiter am gleichen Orte ... und mehr an die Fabrik gekettet sein durch Neigung und Interesse«*. Im Grunde ging es also darum, auch den Lohn als Konkurrenzinstrument auf dem Arbeitsmarkt zu benutzen. Es ging darum, sich eine kontinuierlich ergebene Arbeiterschaft heranzuziehen. Diese Motivation des unternehmerischen Patriarchalismus findet im übrigen seine Parallele in den ersten Ansätzen zu einer Sozialgesetzgebung im 19. Jahrhundert; beispielsweise beruhte das Verbot der Kinderarbeit in Preußen auf Berichten der Militärkommissionen, die feststellten, daß die Wehruntauglichkeit bei jungen Arbeitern erschreckende Ausmaße angenommen hatte.

Die Bindung des Facharbeiters lag im zentralen ökonomischen Interesse der Unternehmer. Der Kampf um die Gewerbefreiheit hatte auch eine erhöhte Freizügigkeit der Arbeiter mit sich gebracht. Dadurch ergab sich zwischen den Betrieben seit der Mitte des 19. Jahrhunderts eine bisher nicht gekannte Fluktuation; sie wurde gesteigert durch die Zuwanderung irischer Arbeiter nach England, italienischer und spanischer nach Nordfrankreich und osteuropäischer ins Ruhrrevier. Diese neuen Arbeitermassen besaßen – im Gegensatz zu den bäuerlich-handwerklich orientierten Arbeitern des Absolutismus – keine Bindungen an kleine Grundstücke oder eigene Häuser mehr. In der Industrie benötigte man jedoch zuverlässig konstante Belegschaften. Es zeigte sich nämlich immer mehr, daß die Produktionsprozesse unausweichlich auf eine stärkere Mechanisierung hinausliefen. Das verlangte einen Arbeitertyp, der sich den Takten der Produktionsprozesse anzupassen vermochte. Die industrielle Arbeitsteilung, die in Gießereien und im Maschinenbau schon lange (vor Einführung der Fließbandarbeit um 1870 in den Schlachthöfen Chicagos) üblich war, ging – trotz starker Austauschbarkeit der Arbeitskräfte für Hilfsarbeiten – von einem industriellen Facharbeitertum aus, das auf bestimmte Maschinen und Arbeitsabläufe spezialisiert war. Das Anlernen von Ersatzkräften kostete Zeit und mithin Geld. Solche Verluste mußten um so mehr vermieden werden, als sich die Produktionsprozesse immer stärker auf die massenhafte Herstellung standardisierter Güter richteten, was reibungslose Arbeitsabläufe voraussetzte. Folglich entsprach die Fürsorge der frühkapitalistischen Unternehmer für die Arbeiter also mehr dem Plan eines Generals, der die Versorgung seiner Truppe im Auge hat, und weniger einer Sozialreform. So ist auch die überaus scharfe Kritik vieler Kapitalisten zu verstehen, als Ernst Abbe 1889 in echter sozialreformerischen Absicht den Arbeitern der Firma Carl Zeiss in Jena durch eine Stiftung Anteile an den Produktionsmitteln, Gewinnen und Mehrwerten übertrug.

Paramilitärisch wurden auch die Planungen der Arbeitsabläufe betrieben, generalstabsmäßig die Verkaufspraktiken vorbereitet. Massenproduktion mit Hilfe von Menschenmassen ließ sich nur anhand genauer Zeit- und Ablaufspläne innerhalb hierarchisch strukturierter Organisationen bewältigen und absetzen. Daher trat neben das Leitbild des Monarchen dasjenige des »Industriekapitäns« mit uneingeschränkter Befehlsvollmacht. Militant wurde auch das Vokabular der Fabrikherren, wobei man auf traditionelle und deshalb vermeintlich unangreifbare Verhältnisse Bezug nahm. »Aus der gewerbetreibenden Menge ragen die großen Industriellen; gleich Kondottieris des Mittelalters sammeln sie gegen Sold alt und jung ... unter ihre Fahnen ..., im Kampf der Konkurrenz, ringend unter sich, führen sie gleichzeitig den unblutigen Krieg der Nationen nach außen«, schrieb 1844 Harkort*.

Mit der Industrialisierung ergab sich in den neuen Ballungsgebieten der Fabriken ein Mangel an Arbeitskräften als ein bisher unbekanntes Problem. Hatte seinerzeit Sixtus V. seinen Großbetrieb im Colosseum geplant, um einen Überschuß an Arbeitskräften abzubauen, und damit einige absulutistischer Fürsten angeregt, so erzeugte nun die Gründung größerer Unternehmen in dichter Häufung innerhalb der neu entstehenden Industrieregionen einen spürbaren Arbeitermangel. Da die bodenständigen bäuerlich-handwerklich orientierten Arbeiter schnell absorbiert worden waren, interessierten sich die Unternehmer – teils wegen der wachsenden Betriebe, teils wegen niedriger Löhne – für große Zuwanderungen. Werbeagenten heuerten in den landwirtschaftlichen Randgebieten Europas – in Irland, Spanien, Italien, Litauen, Kaschubien und Masurien – junge arbeitswillige Männer an, die nicht selten schon bald ihre kopfreichen Familien nach sich zogen. Besonders im Ruhrgebiet bildete sich auf diese Weise der dichteste Ballungsraum Europas heraus*. Die Probleme, die sich dabei hier ergaben, sind typisch für die meisten europäischen Industriegebiete. Die agrarische Herkunft der zuwandernden Arbeitskräfte brachte zumindesten in der ersten Generation große Anpassungsschwierigkeiten mit sich. Neben Sprachproblemen und Abneigungen der bodenständigen Familien, neben Anpassungszwängen an völlig neue Arbeitsrhythmen und Verlust einer vertrauten Umwelt war es vor allem das Erfordernis, sich von der gewohnten agrarischen Lebensweise – teilweise mit Selbstversorgung durch einen kleinen Acker oder einen Garten – lösen zu müssen, welches Konflikte heraufbeschwor; deshalb ließen viele Unternehmer im Ruhrgebiet einen Sondertyp des Arbeiterwohnhauses mit Viehstall und Gartengrundstück aus dem Typ des westfälischen Bauernhauses entwickeln. Die Sprachisolation dieser Zuwanderer, die nicht selten als Vorwand für ihre Unterbezahlung herhalten mußte, sowie ihre Ablehnung durch die bodenständige Arbeiterschaft, welche in den Neuankömmlingen nicht zu Unrecht unliebsame Lohnkonkurrenten sah, ferner der unbarmherzige Anpassungszwang an die neue Arbeitswelt und die Aussichtslosigkeit, jemals einen sozialen Aufstieg zu erlangen – das alles schuf in diesem Arbeitertyp schon sehr früh ein soziales und politisches Bewußtsein, das sich gegen die Unternehmer richtete und in den aufkommenden sozialistischen Bewegungen und Parteien seine Artikulation fand. Da die Zuwanderer meist eng zusammen in sogenannten Werkskolonien wohnten, gelang es ihnen, bis ins 20. Jahrhundert hinein in diesen Siedlungen eine vorindustrielle Lebensweise zu erhalten, die sich durch enge und solidarische Nachbarschaftsverhältnisse auszeichnete. Je mehr die Industrie ihren Arbeitern abverlangte, desto selbstbewußter wurden diese. Ohne ihr Spezialistentum innerhalb geplanter Arbeitsteilung hätten die Fabriken nicht funktionieren können. Aus diesem steigenden Selbstbewußtsein ergab sich für die Industriearchitektur in zunehmendem Maße eine Veränderung des Arbeiterwohnungsbaues sowie eine Reihe von neuen Aufgaben im hygienischen und sozialen Bereich, an die in der Frühzeit der Industrialisierung noch niemand gedacht hatte.

Die ersten Bauaufgaben fand die Industriearchitektur jedoch naturgemäß in der Unterbringung der neuen Kraftaggregate, der Dampfmaschinen. Damit wurde sogleich eine Aufgabe gestellt, die

Bückling: Maschinenhaus der Saline Königsborn, 1798–99, Unna-Afferde

es bis dahin in der Architektur noch nicht gegeben hatte; deshalb ist verständlich, daß die ersten Maschinenhäuser noch ganz der vorindustriellen Bautradition verhaftet sind. Die Großräumigkeit und die Wetteranfälligkeit der teuren Maschinen erzwang dabei teilweise die Übernahme von Bauformen, die nichts mit Produktionsabläufen zu tun hatten. Das Dampfmaschinenhaus der

Saline Königsborn bei Unna besitzt unverkennbar die Baugestalt einer kleinen Dorfkirche mit Turm, Hauptschiff und Querschiff. Was als Kuriosität anmuten mag, war in Wirklichkeit die geschickte Ausnutzung einer traditionellen Gestalt für einen neuen Zweck; das beweisen die Längs- und Querschnittzeichnungen des Aggregates, das 1798–99 der preußische Oberbergrat Bückling auf Veranlassung des Reichsfreiherrn vom Stein aufstellte: Der Turm entsprach in seiner Höhe dem erforderlichen Pumpenhub; das Hauptschiff nahm ziemlich exakt die Wattsche Dampfmaschine mit ihrem 9 m langen Balanzierbalken auf; das Querschiff war wegen der beiden Kofferkessel und deren Feuerstellen erforderlich.

Bückling: Maschinenhaus der Saline Königsborn in Unna-Afferde (Längsschnitt), 1798–99 (Zeichnung von J. Nieling, 1818)

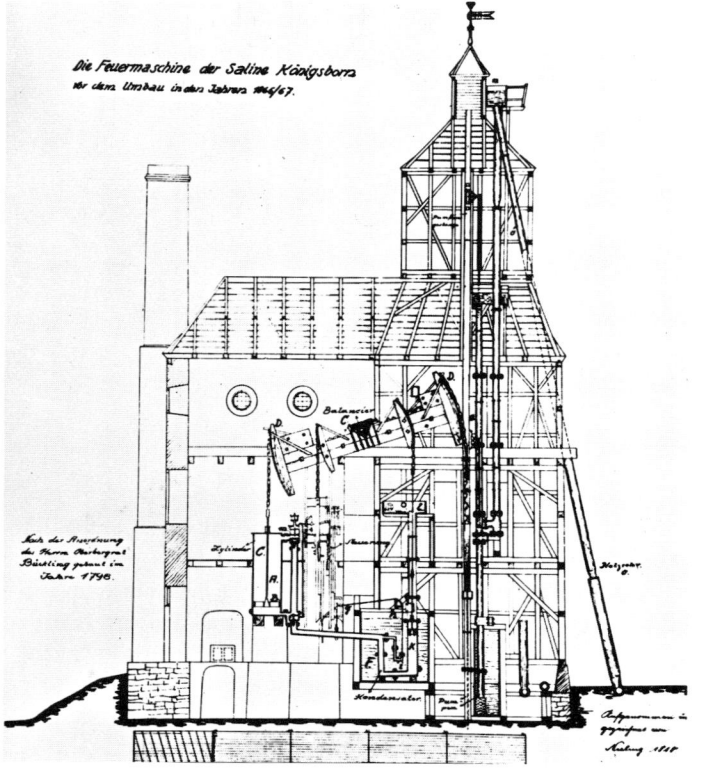

Das Maschinenhaus von Königsborn, das 135 Jahre ununterbrochen – bis 1934 – in Betrieb war, ist völlig verfallen. Es stellt nicht nur ein wichtiges Beispiel früher Industriearchitektur dar, weil es die erste Dampfmaschine im Ruhrrevier beherbergte, sondern zeigt auch, wie wenig Bedenken bestanden, wenn es darum ging, für die neuentstehende Industrie tradierte, ja geheiligte Bauformen zu übernehmen.

Ähnlich, wenn auch weniger auffällig, wurde beim Maschinenhaus der Grube Apfelbaumer Zug im Siegerland verfahren, das sich neben dem höheren Schachtgebäude befindet. Das Haus mit seinem Satteldach gleicht entfernt einem großen Wohnhaus. Die

Bückling: Maschinenhaus der Saline Königsborn in Unna-Afferde (Querschnitt), 1798–99 (Zeichnung von J. Nieling, 1818)

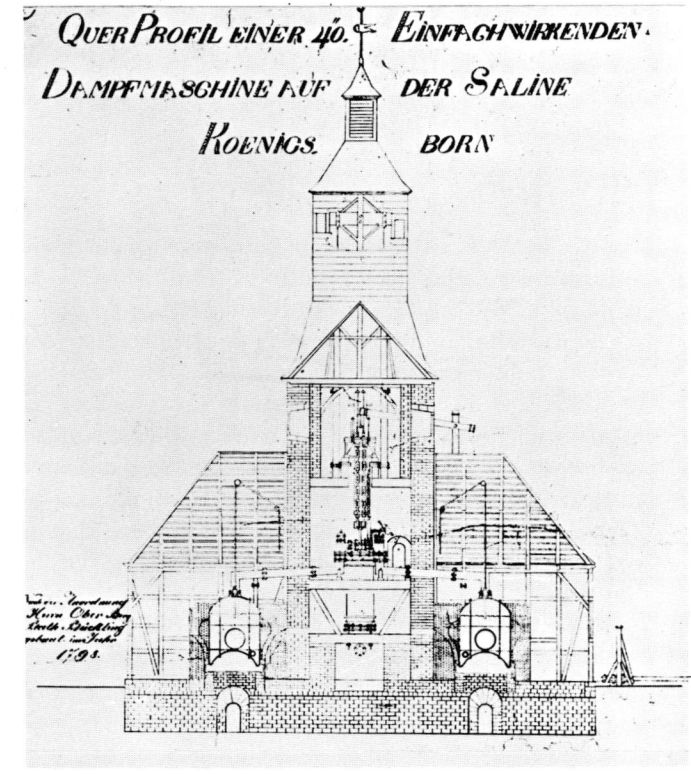

Maschinenhaus und Schachtgebäude der Erzgrube Apfelbaumer Zug, 1. Hälfte 19. Jahrhundert, Brachbach/Siegerland

ursprünglichen Fensterformen und der Schmuck durch die schlichte Lisenengliederung der Fassaden deuten gleichfalls auf tradierte Einflüsse hin. Wegen des erschütterungsreichen Betriebes der Maschine war ein schweres Mauerwerk mit sehr starken Wänden erforderlich. Bis in die zweite Hälfte des 19. Jahrhunderts war dieser Grundtyp des Zechenmaschinenhauses in allen Bergbaugebieten Europas und Nordamerikas verbreitet. Mit wachsendem Bedarf an mechanischer Energie, gegen Ende des 19. Jahrhunderts auch an elektrischer Energie, der durch den schnell um sich greifenden Zechentiefbau sowie durch schwere und größere Maschinen hervorgerufen wurde, entwickelten sich die Maschinenhäuser zu Hallen.

Als die Gelsenkirchner BergwerksAG (GBAG) 1902 für die Zeche Zollern 2/4 in Dortmund-Bövinghausen eine zentrale Maschinenhalle plante, war Paul Knobbes Entwurf wegen der kon-

Paul Knobbe »Maschinenhalle der Zeche Zollern 2/4 in Dortmund-Bövinghausen« (Entwurf), 1902

ventionellen Mauerarchitektur bereits ein Anachronismus. Obwohl Knobbe die gesamte Zechenanlage geplant und teilweise ausgeführt hatte, ließ Generaldirektor Emil Kirdorf von Bruno Möhring und Reinhard Krohn einen Stahlfachwerkbau entwerfen. Der Stahlbau – durch Fortschritte in der Profilwalztechnik und theoretische Erkenntnisse des französischen Ingenieurs Henri de Dion vorangetrieben – hatte von Brücken, Gewächshäusern, Ausstellungsgebäuden (wie dem Londoner Kristallpalast Paxtons) über Bahnhofshallen zur gigantischen »Galerie des Machines« von

Reinhard Krohn & Bruno Möhring: Maschinenhalle der Zeche Zollern 2/4, 1902, Dortmund-Bövinghausen

Dutert und Contamin geführt: Mit 420 m Länge und 115 (!) m Spannweite war dieses Dreigelenkbogen-Bauwerk auf Rollenlagern die Sensation der Pariser Weltausstellung von 1889 gewesen – neben dem Eiffel-Turm. Die Maschinenhalle auf Zollern 2/4 von Möhring und Krohn, die vor etlichen Jahren wegen ihrer Jugendstilornamente wiederentdeckt wurde und heute unter Denkmalschutz steht, mutet dagegen mit ihren 90 m Länge und 23 m Breite wie ein Zwerg an.

Charles-Louis-Ferdinand Dutert & Victor Contamin:
»Galerie des Machines« auf der Weltausstellung 1889, Paris

Förderturm

Die Fördergerüste der Zechen im 19. Jahrhundert folgten derselben bautechnischen Entwicklung wie die Maschinenhallen – von der Mauerwerksarchitektur zur Stahlkonstruktion: zum freistehenden Aggregat. Der Zechentiefbau, durch leistungsfähige Wasserpumpen und stärkere Fördermaschinen möglich geworden, verlangte zunächst die Abkehr vom Holzgerüst und die Hinwendung zu stabileren Widerlagern für die Seilscheiben. Das Schachtgebäude Apfelbaumer Zug zeigt, wie man unter Anklang an traditionelle Bauform und -technik das Problem in der ersten Hälfte des 19. Jahrhunderts zu lösen pflegte. Schwere Eichenholzgerüste und -plattformen im Inneren reichten zunächst noch aus, die Förderlasten zu tragen. Wegen Erreichens größerer Tiefen und Vergrößerung der Förderkörbe wurde ein höherer Hub über Tage erforderlich, weswegen man die Seilscheibe höher montieren mußte. Dieses technische Problem löste man mit Türmen.

MALAKOW-TURM

Speziell im Ruhrgebiet kamen nach 1856 die sogenannten Malakow-Türme auf. Diese Bezeichnung entstand nach dem Krimkrieg 1853–56: Damals hatte der über einjährige Kampf um die Festung Sewastopol in ganz Europa die Gemüter erregt; der Widerstand der russischen Verteidiger konzentrierte sich in den beiden Türmen des Forts Malakow. Obgleich die nach ihnen benannten Fördertürme nicht die Form dieser Bollwerke hatten, spricht doch die Popularität der Namensgebung – von der man nicht mehr feststellen kann, ob sie von Unternehmern oder von Arbeitern erfunden wurde, – für eine damals wohl empfundene Beziehung zwischen der patriarchalisch geleiteten Industrie und der Hierarchie des Militärischen. Zu den frühesten Beispielen zählt der 1865 entstandene Malakow-Turm der Zeche Brockhauser Tiefbau in Bochum-Sundern, der noch erhalten ist. Mit seinen an romanische Bauwerke erinnernden Fenstern, deren Laibungen und Fensterbögen mit Ziegeln abgesetzt sind, ruft er mehr die Assoziation an einen

Malakow-Turm
der Zeche
Brockhauser Tiefbau,
genannt Bliesstollen,
1865,
Bochum-Sundern

Wachturm als an ein Industriebauwerk hervor. Im Inneren befanden sich hölzerne Bühnen für die Lagerung der Seilscheiben und die Ausfahrt des Fördergutes. Je größer die Fördermaschinen und je umfangreicher die Fördereinrichtungen, umso massiver wurden die Malakow-Türme.

Im Inneren erhielten sie nun stählerne Ausbauten. Ein Turm der Zeche Hannibal 2 in Wanne-Eickel steht ebenfalls noch. Bei diesen Ziegelsteintürmen waren Wandstärken von mehr als 2 m keine Seltenheit. Der Turm von Hannibal 2 zeigt, wie die Malakow-Türme mehr und mehr Gestaltelemente der feudalen mittelalterliche Architektur aufnehmen. Der Zinnenkranz verstärkt den Eindruck von Herrschaftsarchitektur.

Malakow-Turm der Zeche Hannibal 2, um 1870, Wanne-Eickel

Der Malakow-Turm der Zeche Prosper II in Bottrop wurde 1871 errichtet. Seine beiden Ecktürme (die aus statischen Gründen zur Verstärkung angebracht wurden und Treppenaufgänge umschließen), die Lisenen, das kleine dreieckige Giebelfeld, die Okuli, die Zinnenkränze und Schmuckgesimse weisen auch dieses Bauwerk als historisierende Industriearchitektur mit feudalen Anklängen aus.

EINBOCK-TURM

Mitte des 19. Jahrhunderts hatte der Förderturmbau in England einen anderen Weg eingeschlagen als in Deutschland. Unmittelbar aus dem hölzernen Fördergerüst der vorindustriellen Epoche wurde ein Stahlgerüst entwickelt, das durch seine Bockform mit schräger Standstrebe geeignet war, den mechanischen Erfordernissen des Zechentiefbaus gerecht zu werden: der Einbock-Förderturm. Diese Gestalt entstand aus Überlegungen der Ingenieure. Sie

◀ Zeche Prosper II:
Malakow-Turm,
1871, und
Einbock-Förderturm,
um 1930, Bottrop

Einbock-
Fördergerüst,
1864,
Merthyr-Tydfil/Wales

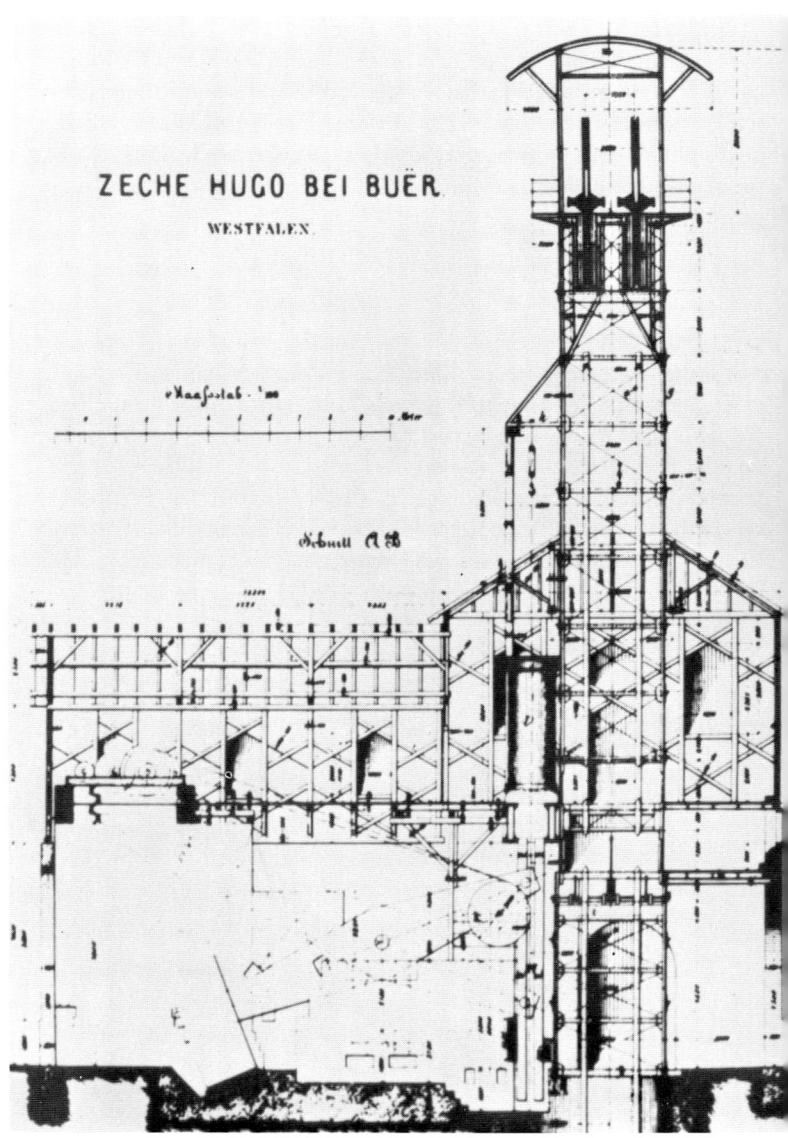

ZECHE HUGO BEI BUER.

WESTFALEN.

»Einbock-Förderturm der Zeche Hugo in Gelsenkirchen-Bue

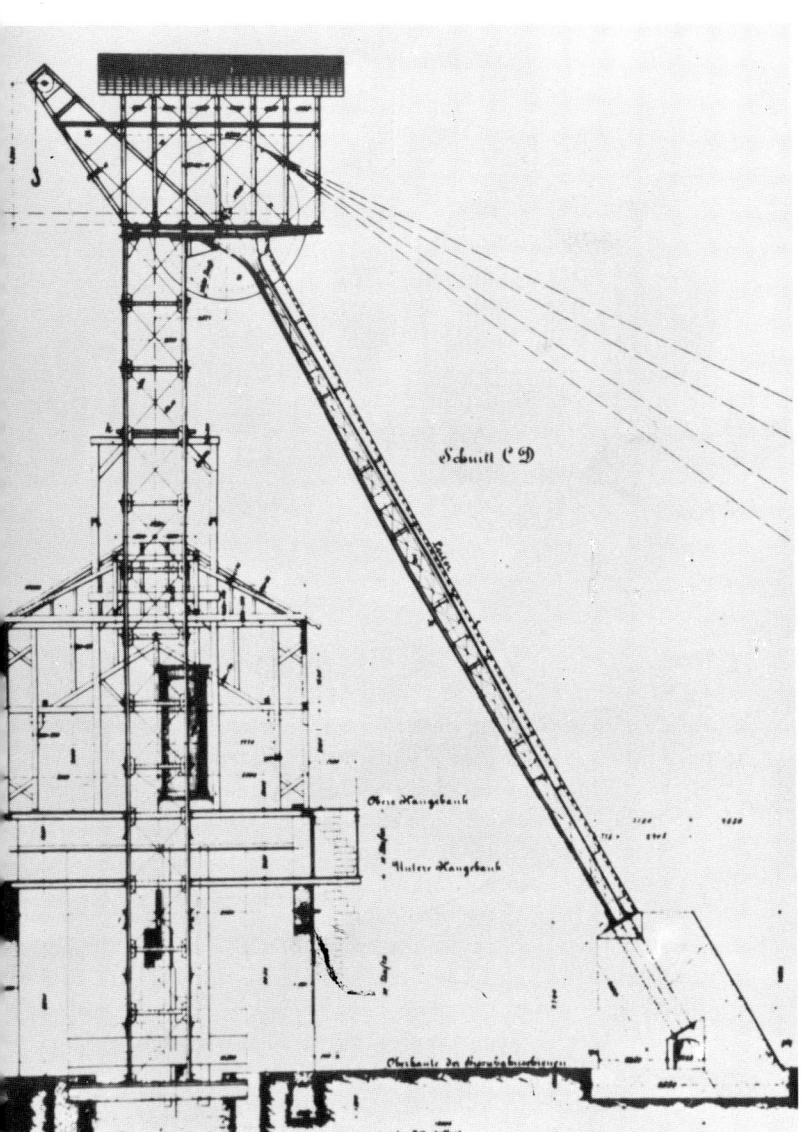

Schnitt C D

Obere Hängebank

Untere Hängebank

1870, Konstruktionszeichnung

Johann Friedrich Wedding & John Baildon »Frontansicht der Königshüt

beruhte auf dem Zwang, die seitlich schräg wirkenden Zugkräfte des Förderseiles mit den senkrecht wirkenden Lasten in einem statischen Gebilde vereinen zu müssen. Widerstandsfähigkeit und Wetterfestigkeit des Stahls erlaubten, das für damalige Zeiten sehr große Gerüst als freistehendes Aggregat auszubilden. Daß derartige Konstruktionen auf Grund ihrer unverwechselbaren Formgebung, typischen Verwendung und weiten Verbreitung einen eigenen Zeichenwert gewannen, zeigt die Tatsache, daß diese Fördertürme noch heute allgemein als »Signal« für Bergbau überhaupt gelten, obwohl moderne Fördertürme längst eine andere, anonymere Gestalt angenommen haben. Wahrscheinlich erfanden Brückenbauer den Einbock-Förderturm; denn im Brückenbau hatten eiserne Konstruktionen seit Telfords Craigellachie Bridge von 1815 und Menai Bridge von 1819–24 zuerst breitere Verwendung gefunden.

Königshütte (heute Chorzów)/Oberschlesien« (Entwurf), um 1797

In Deutschland soll sich ein Brückenbauer, der Ingenieur Fritz Golte, nach Übernahme englischer Erfahrungen mit der Konstruktion stählerner Einbock-Fördertürme befaßt haben. Als einer der ersten seiner Art entstand der Förderturm auf der Zeche Hugo in Gelsenkirchen-Buer um 1870. Mit der Industrialisierung ist unauflöslich die Weiterentwicklung der Metallurgie verbunden. Besonders die Eisenerzverhüttung und Eisenverarbeitung machten seit Beginn des 19. Jahrhunderts erhebliche Fortschritte. Neben der Erschließung neuer Erzlagerstätten halfen verbesserte Hüttenverfahren und vergrößerte Verarbeitungsfabriken mit, die anfänglich hohen Kosten für Eisen und Stahl zu senken. Dies ebnete wiederum einer breiteren Verwendung des Materials den Weg. Für Produktionsstätten, die wegen ihrer Größe die Mauerwerksarchitektur zu sprengen begannen, mußten die Industriearchitekten originelle und bisher unbekannte Lösungen finden.

Eisenhütte

Schon in dem Entwurf für die oberschlesische Königshütte (im
heutigen Chorzów), der von dem preußischen Hüttenbauinspek-
tor Johann Friedrich Wedding und dem schottischen Ingenieur
Baildon stammte, deutete sich dies 1797 an. Zwar verrät der Fron-
talaufriß eine Ähnlichkeit mit Friedrich Gillys *Skizze für eine Eisenhütte*, wohl sind auch Gestalteinflüsse der schloßartigen Ma-
nufaktur-Architektur festzustellen, aber die beiden Hochöfen
drängen sich schon mit den Gichttürmen rechts und links ins Bild.
Diese Gestaltänderung richtete sich nicht nach architektonisch-
künstlerischen Gesichtspunkten, sondern wurde allein durch die
vergrößerten Volumina der damals modernen Kokshochöfen bestimmt. Trotzdem versuchten Wedding und Baildon, einen gestalterischen Kompromiß zu erzielen, indem sie alle Baukörper in
strenger Symmetrie zu einem harmonischen Gebilde zu vereinen
trachteten.

Dieses Bestreben, die Industriebauwerke in der Frühzeit der
Industrialisierung in einer symmetrischen Zuordnung untereinander zu harmonisieren, herrschte oft vor. Es wurde auch am Bor-
sig-Gießhaus von 1837 deutlich.

August Borsig u. a.: Gießhaus und Erweiterungsbauten der Borsigschen
Eisengießerei und Maschinenbauanstalt, 1845, Berlin

Doch war solch ein Prinzip der Symmetrie nur solange auf-
rechtzuerhalten, als technische und ökonomische Zwänge nicht
eine immer neue Veränderung der Baugestalten erzwangen. Wie
wenig widerstandsfähig architektonisch-künstlerische Überlegungen sich gegenüber derartigen Werkserweiterungen erwiesen,
zeigt Borsigs Fabrik nach Um- und Anbauten im Jahre 1845.
Bereits 1820 waren britische Eisenhütten anderen als künstlerischen Erwägungen gefolgt. Bei den Dimensionen dieser Wilkin-
son-Öfen und Winderhitzer wäre eine umschließende Mauerwerksarchitektur ein zu hoher Kostenfaktor gewesen. Außerdem
hätte sie sich bei dem großen Rauch- und Hitzeanfall als betriebs-
störend ausgewirkt. So wurden die Aggregate unverhüllt auf die
Fabrikgrundstücke gestellt. Die Zuordnung der einzelnen Baukörper ergab sich aus den Arbeitsabläufen. Eine solche eiserne Architektur bildete zu Beginn des 19. Jahrhunderts Türme eigener
Prägung heraus, die jedwede historisierende Reminiszenz, wie sie

Hochöfen, Winderhitzer und Kamine des Hüttenwerks Carron, 1820,
Falkirk/Schottland

die Malakow-Türme auslösten, verschmähten. Und doch sind jene
wie diese Herrschaftssignale.

Es gab auch Versuche, Hüttenaggregate hinter Mauerwerk zu
verbergen und damit ihren wahren technischen Charakter zu verschleiern. Eines der seltenen erhaltenen Beispiele ist in Lollar bei
Gießen der Gichtturm der Buderusschen Eisenwerke, der sehr
wahrscheinlich von G. C. Th. Buderus entworfen und zwischen

Georg Carl Theodor
Buderus:
Gichtturm
der Main-Weser-Hütte,
nach 1862,
Lollar bei Gießen

v. Hoff: Hochöfen, Koksöfen und Arbeiterhäuser der Hermannshütte in (Dortmund-)Hörde, 1854–58 (Farblitho von W. Loeillot, 1860)

1862 und 1870 errichtet wurde. Fast die ganze Turmhöhe nahm innen der Winderhitzer eines längst abgebrochenen Hochofens ein. Die vier durch teilweise verblendete, historisierende Fensterreihen und Okuli markierten Geschosse sind nur vorgetäuscht. Ähnlich wie bei den Malakow-Türmen wirkt die militante Gestalt des Gichtturmes von Lollar wie eine Herrschafts- und Drohgebärde.

Neben solchen Versuchen begannen sich von den britischen Inseln aus die freistehenden Hüttenaggregate durchzusetzen. Die gewaltige Hochofenbatterie der 1837 in Hörde bei Dortmund gegründeten Hermannshütte hätte man nur mit einem außerordentlichen bautechnischen Aufwand hinter Wänden und Dächern verbergen können– wie man es bei der kaum älteren, aber wesentlich kleineren manufakturartigen Hütte von Wocklum noch getan hatte. Um 1860 zeigte die Hermannshütte ein weiteres Motiv der neuen Industriearchitektur: Der wachsende Bedarf an Stahl – für Eisenbahnen, Brücken, Schiffe, Häfen, Maschinen, für die Rüstungsindustrie und nicht zuletzt für die Verbrauchsgüterindustrie und das Bauwesen – erforderte oft innerhalb kurzer Zeit eine geradezu explosionsartige Erweiterung oder Vermehrung der Hüttenwerke. Die auf diese Weise immer größer werdenden Geflechte von Aggregaten, Hallen, Häusern, Ladebühnen, Transportbahnen, Röhrensträngen, Werkseisenbahnen und -straßen, die Komplexe aus Lagergruben, Halden, Schlackenkippen, Abfallsenken und Schlämmsümpfen fraßen sich weit und weiter in die agrarische Landschaft, welche die Werke umgab. In manchen Bezirken, so etwa in »Feuerland«, wie der Berliner Volksmund das Gebiet vor dem Oranienburger Tor wegen der Rauchfahnen und des nächtlichen Feuerscheins nannte, wuchsen die Eisenwerke so schnell, daß sich bald das eine an das andere reihte. Die Industrielandschaft mit ihren neuartigen Elementen der Raumgliederung begann ins Licht der Geschichte zu treten. Am Anfang des 20. Jahrhunderts wurden die Hüttenwerke so groß, daß man von ihnen selber als künstlichen Landschaften sprechen kann.

Koksofenanlage und Ammoniakfabrik der Hörder Bergwerks- und Hüttenverein AG, um 1902, (Dortmund-)Hörde

Fabrik

Mit diesem Wachstum veränderten sich die Fabrikgebäude. Die Umstellung der handwerklichen Einzelarbeit über das Manufakturwesen auf maschinelle Massenfertigung verlangte eine Vergrößerung der Bauwerke. Schon die Spinnerei vom Typ Salford war auf Grund dieses neuen Bedürfnisses entstanden. Nicht lange danach konzipierte der preußische Revisionsbaurat Carl Ludwig Althans für die ehemals kurtrierische Eisenhütte in Sayn bei Neuwied eine Gießhalle mit einem Hochofen und zwei Kupolöfen für die Veredelung des Roheisens. Der Bau entstand 1824–30; er erinnert an eine Basilika mit dreischiffigem Langhaus, Querschiff und chorartigem Anbau. Die eisernen Viertelkreise und Schwibb-

Carl Ludwig Althans: Königlich Preußische Eisenhütte Sayn

bögen des Dachtragwerks und der Frontkonstruktion des »Langhauses« – der Gießhalle – werden durch gotisierende Spitzbogenelemente ergänzt. Zwei gußeiserne Säulenreihen mit dorischen Kapitellen stützen die Dachkonstruktion und trennen das Mittelschiff von den Seitenschiffen. Die ganz verglaste Frontkonstruktion, die spitzbogenförmig rhythmisierten Obergadenfenster und großen Rundbogenfenster im schweren Bruchsteinmauerwerk der Seitenwände lassen viel Licht in die Halle dringen. Die Hauptmaße der Halle folgen dem »Goldenen Schnitt der Strecke«. Daran schließt sich das 31 m breite Ofenhaus gewissermaßen als Querschiff an. In einem rückwärtigen »Chor« stand – genau in der Verlängerung der Längsachse der Gießhalle – der Hochofen, welcher in seinem oberen Teil frei über das Gebäude ragte. Ihn flankierten die beiden

1824–30,   Sayn bei Neuwied

Kupolöfen, deren Kamine im Gesamtbild der Anlage turmartigen Charakter annahmen. Die Sayner Fabrik zählt in mehrfacher Hinsicht zu den bemerkenswertesten, noch teilweise erhaltenen Bauwerken der frühen Industriearchitektur. Zunächst einmal ist sie wahrscheinlich die erste Industriehalle überhaupt, die aus dem Zwang zur Vergrößerung der Fabrikationsstätten entstanden ist. Ähnlich wie beim Königsborner Maschinenhaus wurde bei dieser Gießhalle auf sakrale Raumformen zurückgegriffen. Ihre Anordnung verrät jedoch, daß dies nicht nur aus der pragmatischen Absicht heraus geschah, Erfahrungen mittelalterlicher Großbauwerke für industrielle Zwecke nutzbar zu machen. Vielmehr wird der Wille deutlich, durch die sakralen Raumformen den industriellen Arbeitsprozeß geistig zu überhöhen. So entstand ein »Arbeitsdom« mit dem Hochofen als »Altar«, wobei – im Gegensatz zu Ledoux' Entwurf für eine Gewehrfabrik – die betriebsorganisatorischen Gesichtspunkte voll berücksichtigt werden konnten. Althans erhob mit dieser Gießhalle den Industriebau auf dieselbe Stufe, auf der sich der Sakralbau viele Epochen lang befunden hatte: auf die höchste! Das bedeutet, daß die Industrie nun der Kirche ihren Rang als oberster geistiger Institution streitig machte. Das Gebäude von Sayn verkörpert deshalb den Herrschaftsanspruch einer an Wissenschaft und Technik orientierten, aufgeklärten, bürgerlichen Klasse gegenüber den alten Glaubenskräften der Feudalzeit. Allgemein freilich war die Industriearchitektur um 1830 noch nicht so weit, daß sie den Herrschaftsanspruch ihrer Auftraggeber durch eigene Gestaltwerte hätte widerspiegeln können. Die Gießerei in Sayn stellt auch in dieser Hinsicht eine Besonderheit insofern dar, als nämlich in ihr wahrscheinlich zum ersten Male in Mitteleuropa die Kombination von Eisengerippen und Glas wenigstens teilweise auf ein Industriebauwerk angewandt wurde. 1818 hatte der engliche Architekt und Gartengestalter Loudon unter Verwendung gußeiserner Stützensysteme die ersten Gartenhäuser entworfen. 1827 konstruierte er in Bretton Hall (Yorkshire) ein großes Gewächshaus nach diesem Prinzip. 1835–39 entstand als erste Bahnhofshalle aus Gußeisen und Glas die Euston Station in London. Da diese Bauwerke inzwischen abgebrochen oder völlig verändert wurden, ist die 1926 stillgelegte Sayner

James Bogardus »Fabrikgebäude aus eisernen Fertigteilen« (Entwurf),
um 1845

Gießhalle mit hoher Wahrscheinlichkeit eines der ältesten in Europa noch erhaltene Gebäude, an welchem sich die frühe Eisen-
Glas-Bautechnik beobachten läßt. In Sayn wurde das bereits von
Watt und Boulton angewandte Bauverfahren mit vorgefertigten,
seriellen Bauteilen aus Eisen weitergetrieben. Althans hatte auf
der Baustelle mit Hilfe von vier kleinen, provisorischen Schmelzöfen die Säulen, Streben und Bogenteile der Eisenkonstruktion
gießen lassen.

Um 1845 entwickelte der amerikanische Ingenieur James Bogardus den Eisenbau aus Fertigteilen soweit, daß ihm einen Fa-
brikbau ganz aus Eisenelementen zu errichten möglich schien. So-

gar die Deckenteile und die Fassadenstücke sollten gegossen werden. Bogardus erblickte den Vorteil seiner Erfindung darin, daß sich solche Gebäude demontieren und an anderer Stelle wieder aufbauen, leicht erweitern und sogar noch als Altmaterial verkaufen lassen konnten, sobald sie unbrauchbar geworden waren*. Für Fabriken setzte sich jedoch das Verfahren nicht durch; die Wärme-, Schall- und Vibrationsleitfähigkeit des Eisens ist zu groß. Auch Bogardus' Riesenprojekt – ein eisernes vierstöckiges Amphitheater von 365 m Durchmesser mit einem 90 m hohen Eisenturm für die New Yorker Weltausstellung von 1853 – wurde nicht realisiert. Aber für kleinere Büro- und Lagerhäuser oder für Warenhäuser wurde sein System seit der Mitte des 19. Jahrhunderts abgewandelt angewandt, indem man das Stahlskelett mit Ziegelmauerwerk füllte und die eisernen Fassenelemente mit Glasfüllungen durchlichtete. An der River Front in St. Louis entstand auf diese Weise zwischen 1870 und 1880 ein ganzes Stadtviertel mit solchen Bauten. Auch in England und Frankreich wurre Bogardus' Verfahren variiert benutzt. Vornehmlich nordamerikanische Ingenieure und Architekten wie Leroy S. Buffington oder William Le Baron Jenney entwickelten auf diesen Grundlagen den Hochhausbau in der Stahlskelett-Technik. Alle diese Gebäude wiesen ein gemeinsames Merkmal auf: Die sichtbaren Gußteile wurden unter Zuhilfenahme tradierter Gestaltwerte ornamentiert. Bogardus, der sich längere Zeit in Italien aufgehalten hatte, zitierte mit Vorliebe aus der Renaissance; andere Konstrukteure und Architekten spezialisierten sich auf die Formenvorräte der Antike, der Gotik, des Barocks oder benutzten Mischungen aus Vielerlei.

Die Schokoladenfabrik in Noisy-sur-Marne, die Jules Saulnier 1871 entworfen hatte, wies Gestaltelemente der französischen Baukunst des 16. Jahrhunderts in ihrer Fassade und in ihrer Dachform auf. Die farbenprächtige Außenwandverkleidung aus eigens für diesen Bau gefertigten Kacheln korrespondierte mit der rautenförmigen Konstruktion des Stahlfachwerks. Die historisierenden Ausdruckswerte des Gebäudes täuschten leicht darüber hinweg, daß Saulnier mit diesem Bauwerk die Bautechnik um eine wichtige neue Variante bereicherte. Er hatte nämlich den Bau mitten in die

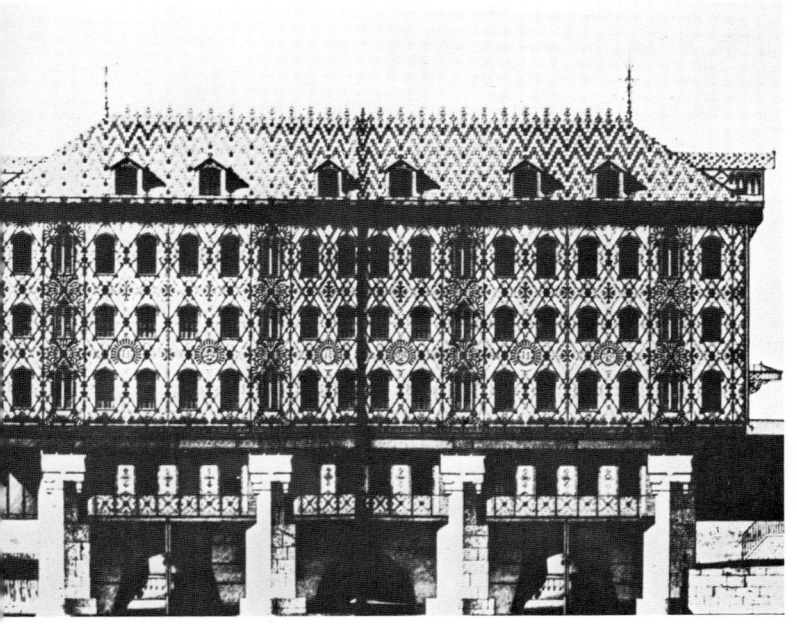

Jules Saulnier »Frontansicht der Schokoladenfabrik Menier in Noisy-sur-Marne/Frankreich« (Entwurf), 1871

Marne auf vier mächtige Steinfundamente gestellt, die ihre Querversteifung durch drei Tonnengewölbe für den Durchfluß des Wassers erhielten. Auf Stümpfen, welche die Pfeiler etwas überragten, lagen quer vier kastenförmige Träger mit eigener eiserner Querversteifung, die das ganze Gebäude frei trugen.

In Bielefeld wurde 1855–62 unter der Bauleitung des Ingenieurs F. Kaselowsky die Ravensburger Spinnerei errichtet. Noch heute wirkt die Frontansicht des damals größten Fabrikgebäudes in Westfalen imponierend. Der etwas vorgezogene Mittelrisalit mit den beiden Ecktürmchen wird durch einen Erkeranbau betont, der aus einem regelmäßigen Achteck entwickelt wurde. An seinem oberen Teil wird in einem Okulus das dominierende Uhrenmotiv sichtbar, das bereits an der Manufaktur von Montargis auftauchte.

Andere Gestaltwerte des Gebäudes verdeutlichen ihre Herkunft aus der elisabethanischen Schloßarchitektur.

Auch die Keramikfabrik Dr. Otto, die in Bochum-Dahlhausen liegt, zeigt Motive feudaler Epochen. Dieses Beispiel steht für zahllose Fabrikhallen und -gebäude seit der Mitte des 19. Jahrhunderts in Europa, die freilich meist in schlichterer Ziegelbauweise aufgeführt wurden. Zwergarkaden, Staffelgiebel, Lisenengliederung und Rundbogenfenster tauchen an Walzwerken, Dampfmühlen, Montagehallen, Kesselschmieden, Webereien, Zechengebäuden oder Hammerwerke so häufig auf, daß man diese Gestaltelemente in der 2. Hälfte des 19. Jahrhunderts durchaus Stereotype nennen kann. Fast nie werden solche historisierenden Gestaltelemente im Sinne rationaler Zwecke eingesetzt, wie es

F. Kaselowsky: Spinnereigebäude der Ravensburger Spinnerei AG, 1855–62, Bielefeld

Fabrikhallen der Keramikfabrik Dr. Otto, 2. Hälfte 19. Jahrhundert,
Bochum-Dahlhausen

bei der Bochum-Dahlhauser Keramikfabrik wenigstens teilweise
geschah: Dort schließen die Staffelbekrönungen der Giebel eine
Firstbelüftung der dahinterliegenden Glasdächer mit Stahlkonstruktion nach vorn ab.

Auch am Hamburger Speichergebäude, das Bernhard Hanssen
und Emil Meerwein 1878–79 entwarfen, dienten die drei hoch-
ragenden, fast turmartigen Dachaufsätze mit Staffelgiebeln einem
rationalen Zweck: In ihnen befanden sich die Lastenaufzüge.

Eine Sonderform des Fabrikgebäudes hatte sich um 1870 in
einigen Großstädten Europas und Nordamerikas dadurch heraus-
gebildet, daß kleinere Betriebe die hohen Bauinvestitionen nicht
aufbringen konnten, weswegen kapitalistische Konsortien mitten
in den Wohngebieten Betriebsgebäude errichteten, in denen Ein-
zelräume oder Etagen an Kleinbetriebe vermietet wurden. Zuwei-

Bernhard Hanssen & Emil Meerwein: Kaispeicher B, 1878–79, Hamburg

len waren diese Stadtwerkstätten mit einer zentralen Kraftversorgung ausgestattet: Über Transmissionen wurde von einer Dampfmaschine mechanische Energie geliefert, deren Kosten auf die Mietpreise aufgeschlagen wurden. Das Werbeplakat eines solchen Konsortiums in Paris zeigt um 1875 den Querschnitt eines sechsstöckigen Hauses in der Rue Faubourg St-Antoine, das zur Sraße hin Arbeitsräume und zum Hof hin Arbeiterwohnungen umfaßte.

Heute noch gibt es in Berlin-Kreuzberg einige der sogenannten Fabrikhöfe, die auf einem ähnlichen Prinzip beruhen: Zur Stra-

Kurt Berndt: Mietfabrik Elisabethhof,
1897–98, Berlin-Kreuzberg

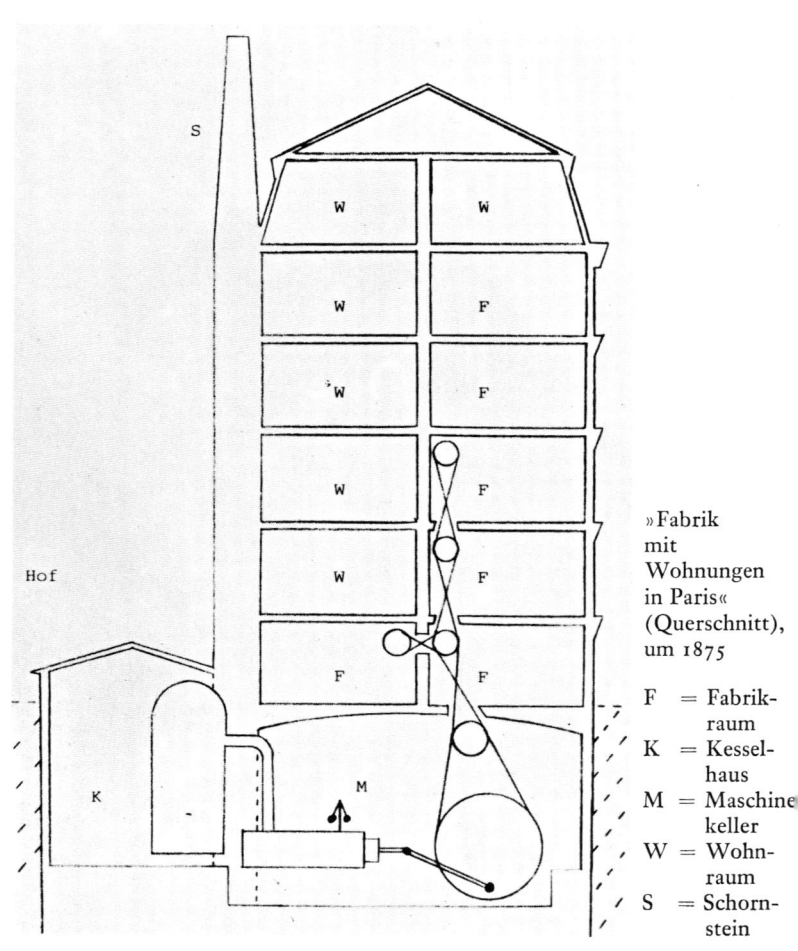

»Fabrik mit Wohnungen in Paris« (Querschnitt), um 1875

F = Fabrik-raum
K = Kessel-haus
M = Maschinen-keller
W = Wohn-raum
S = Schorn-stein

ße hin befand sich ein Wohntrakt mit einer großen Hofeinfahrt, die drei übrigen Seiten des Hofgevierts wurden von Mietwerkstätten gebildet. Drei weitere, in die Tiefe des Grundstücks gestaffelte und durch Toreinfahrten untereinander verbundene Höfe schließen sich bei dem hier gezeigten Elisabethhof von Kurt Berndt aus den Jahren 1897–98 an.

Lagerhaus

Die Expansion des Kapitalismus und der Industrialisierung stellte der Industriearchitektur auch Aufgaben, die zwar nicht unmittelbar mit den Produktionsbedürfnissen des Bergbaus und der Fabriken zusammenhingen, jedoch indirekt von diesen ausgelöst wurden: Beispielsweise erforderten Lagerung und Versand von Rohmaterialien, Fertigwaren und Nebenprodukten neue Lösungen. Eine besondere Rolle spielte dabei der Bau von Lagerhäusern und Silos in den schnell wachsenden Import- und Exporthäfen. Diese Bauten stellten große Anforderungen an Stabilität, Deckenbelastbarkeit, Belüftung und Zugänglichkeit von derWasserfront wie von der Straßenseite her. Thomas Telford entwarf 1824 die St. Catherine's Docks in London; das rechteckige Dockbecken war

Thomas Telford: Lagerhäuser St. Catherine's Docks, 1824–28, London

von sechsstöckigen Lagerhäusern umgeben, die zur Beckenseite hin einen Laubengang besaßen; die dicken Rundpfeiler mit dorischen Kapitellen trugen die überstehenden Gebäudeteile. Telford verzichtete auf Arkadenbögen und erreichte dadurch eine gute Zugänglichkeit auch für sperrige Lasten von der Wasserseite. Risalitartig waren einzelne Gebäudeteile so vorgezogen, daß diese Partien genau mit der Flucht der Kaimauer abschlossen und so zum geeigneten Platz für die Lastenwinden wurden. Telfords Dockbauten und Brücken sind gute Beispiele dafür, wie sich tradierte statische Erkenntnisse und Gestaltwerte mit den rationalen

Zwecken der Industriearchitektur ohne ornamentalen Aufwand verbinden lassen.

Auch der vermutlich 1835 entstandene Speicherblock eines anonymen Architekten am New Quay in Liverpool zeigte diese Synthese. Jedes der aneinander gebauten Gebäude besaß zwei eingezogene Arkadenbögen, die bis zum siebten Geschoß hoch reichten. Im Scheitel dieser Bögen befand sich eine Lastenwinde, in jedem Geschoß eine Lastenluke. Die Giebelfelder nahmen mit ihren Blendokuli ein Motiv der barocken Architektur auf.

Mit dem Kornmagazin in Tampere von 1838 griff Carl Ludwig Engel ebenfalls auf historische Gestaltwerte zurück. Von fern erinnert der Bau an Gebäude Palladios; auch die Zollhäuser von Paris, die Ledoux 1785 entwarf, werden in Erinnerung gerufen, wenn man das Portal des Kornmagazins betrachtet. Architektonisch ganz in der Zeitströmung des Klassizismus stehend, ist dieser Silo von seiner Größe her noch vor dem Hintergrund einfacher bäuerlicher Produktionsverfahren zu sehen.

Carl Ludwig Engel: Kornmagazin, 1838, Tampere/Finnland

SILO

Wie gewaltig der Fortschritt im Behälterbau auf Grund einer inzwischen mechanisierten Massenproduktion von Getreide – also einer industriellen Arbeitsweise – war, zeigte der Silo Bunge y Born in Buenos Aires, der um 1900 gebaut wurde. Die Loslösung der Industriearbeiterschaft von der agrarischen Selbstversorgung ihrer Vorfahren hatte in Amerika zur massenhaften Produktion von Farmgetreide geführt, das zum großen Teil nach Europa verschifft wurde.

Kurz nach der Erntezeit entstanden jedes Jahr in den amerikanischen Exporthäfen Lagerprobleme, die nur mit neuartigen Bauwerken bewältigt werden konnten. So wurde der Großsilo ein spezifisch amerikanischer Beitrag zur Industriearchitektur, nachdem sich der französische Gärtner und spätere Ingenieur Joseph Monier seine Erfindung, Beton mit Eisen zu bewehren, 1867 hatte patentieren lassen.

Mit diesem Geburtsdatum der Eisenbetontechnik waren auch generell die Voraussetzungen für die Produktion großer Röhren und Hohlkörper gegeben, die nicht aus Metall bestehen. Unter den südamerikanischen Großbehältern der Jahrhundertwende war der Silo von Bunge y Born ausgesprochen kolossal: 152 senkrechtstehende Betonröhren von etwa 25 m Höhe und 5 m Durchmesser, deren gesamtes Fassungsvermögen rund 72 000 cbm betrug, flankierten in zwei vierreihigen Kolonnen ein achtgeschossiges Elevatorengebäude. Über den Röhren war in einer Art überdimensionalem Scheinarchitrav ein Geschoß zur Revision der Behälter und zur Aufnahme der Förderwerke untergebracht. 20 Giebelfelder aus Beton, deren offene Okuli vor einem Flachdach lagen, erzeugten zusammen mit den säulenhaften Siloröhren den Eindruck eines gigantischen Tempels, der freilich nicht mehr der antiken Fruchtbarkeitsgöttin Demeter geweiht war, sondern den Ruhm der modernen Mähmaschine von Cyrus Hall McCormick verkündete.

Kornsilo Bunge y Born, um 1900, Buenos Aires

GASOMETER

Silos besonderer Art sind die Gasometer. Seit der Entwicklung
der Leuchtgastechnik, der immer weiteren Verbreitung der Gas-
beleuchtung und der industriellen Nutzung der Kohledestillation
wurde es um 1840 notwendig, große Leuchtgasmengen auf Vor-
rat zu nehmen. Um diese Zeit kam der Hubbehälter auf, der noch
heute häufig in Gebrauch ist; es handelt sich um ein freistehendes
Aggregat. 1845–46 entwarf William Lindley in Hamburg nach
dem großen Brand der Stadt das Gaswerk Grasbrook mit vier
Hubbehältern. Diese größeren Gasbehälter wurden manchmal
mit Mauerwerk ummantelt, wobei die Befürchtung statischer
Komplikationen mit der Stahlkonstruktion bei vollem Hub eine
Rolle gespielt haben mag. Drei solcher ummauerten Behälter – mit
ornamental gegliederten Klinkerwänden, Ecktürmchen und Rund-
bogenfenstern, durch die man den Himmel sieht – aus den 70er
Jahren des 19. Jahrhunderts sind noch heute im Berliner Stadt-
teil Prenzlauer Berg in Gebrauch. Auch in Dresden-Reik gab es
Gasometer dieser Art.

99

William Lindley: Gaswerk Grasbrook in Hamburg, 1845–46 (Stahlstich von J. Poppel & M. Kurz, 1851)

WASSERTURM

Mit zunehmender Expansion der Industrie und dem Anwachsen der Stadtbevölkerung, die zum großen Teil aus Industriearbeitern bestand, stellte sich auch die Aufgabe der Wasserversorgung. Viele Industriewerke des 19. Jahrhunderts versuchten, sich von der öffentlichen Wasserversorgung weitgehend unabhängig zu machen: Zechen, Textilbetriebe und Brauereien bauten eigene Wasserwerke oder Tiefbrunnen, errichteten private Wassertürme oder Reservoirs. Die öffentliche Wasserversorgung führte zu einer großen Zahl gemeindlicher Einrichtungen, von denen die Wassertürme die auffälligsten sind.

Wassertürme hatte es schon im Mittelalter gegeben. In Lüneburg stehen noch der Abts- und der Ratswasserturm aus dem 16. Jahrhundert; in Augsburg sind noch drei Wassertürme am

Roten Tor aus jener Zeit erhalten. Interessant ist jedoch, daß die Wassertürme des 19. Jahrhunderts diese geschichtlichen Zeugen nicht zum Vorbild nahmen. Beim Hamburger Wasserwerk am Billhorner Deich wurde der Wasserturm– der zwar unter Denkmalsschutz steht, aber dennoch vom Abbruch bedroht ist (!)* – von englischen Ingenieuren unter der Leitung Lindleys 1845–48 technisch wie auch architektonisch konzipiert. Seine Höhe von etwa 70 m ist aus dem hohen Wasserdruck zu verstehen, den man für das Stadtgebiet benötigte. Der Turm dient zugleich als Mantel für die Steig- und Abfallrohre sowie als Hülle für die schweren Ausgleichsgewichte, welche die Druckstöße der Dampfmaschine absorbierten und gleichzeitig Bestandteile eines raffinierten Rückkopplungssystems zwischen dem Wasserverbrauch und der Laufgeschwindigkeit der Maschine waren. Der Kern des Turmes wurde vom Schornstein des Kesselhauses gebildet. Lindley hatte sich

William Lindley, F. Giles & William Charles Mylne: Wasserturm und Maschinenhaus des Wasserwerks Billhorner Deich, 1845–48, Hamburg

Wasserturm Harpener Hellweg, 1903, Wasserwerk Bochum (während des Abbruchs 1975)

in der Architektur des Turmes von Alexis de Chateauneuf beeinflussen lassen. Der von 10 m auf 7,15 m Durchmesser schrumpfende glatte Turmkörper aus Ziegelmauerwerk wird von einem umlaufenden Arkadenfries mit Fenstern bekrönt, der konisch aufgesetzt ist und eine Aussichtsplattform umschließt. Der kurze Schornsteinstumpf, der aus der Plattform ragt, ist von unten nur als knapper Akzent zu sehen.

Wirkt der Hamburger Wasserturm wegen seiner schlichten klassizistischen Gestalt wie ein einfaches, aber eindringliches Signal ambivalenter Deutungsmöglichkeiten, so gibt sich Münsters Wasserturm von 1902 martialisch und damit eindeutig. Massiger und – wie ein Wasserturm in Worms, der 1888–90 entstand – von fern am Wehrturm des Spittlertores in Nürnberg orientiert, ragt der 53 m hohe Koloß mit dem grünen Kupferdach heute noch dem von Süden kommenden Besucher der Stadt entgegen.

Auch dem Bochumer Wasserturm am Harpener Hellweg sah man seine Zweckbestimmung nicht an. Äußerlich glich er einem

Wasserturm (System Intze), 1903–04, Dortmund-Grevel

herrschaftlichen Palais mit Gestaltelementen der Feudalarchitektur. Auf einem in Zementstuck gearbeiteten Rustikasockelgeschoß, das bewohnbar war, erheben sich zwei weitere Stockwerke und ein Mezzanin. Diese Geschosse waren Verschleierungsarchitektur: Sie hatten nur den Zweck, zwei Wasserbehälter von je 1500 cbm Fassungsvermögen zu verbergen, die an ihren Außenseiten aus je fünf Zylindersegmenten bestanden.

Der 1903 erbaute Wasserturm in Dortmund-Grevel zeigt schließlich, daß mit Beginn des 20. Jahrhunderts auch für die Wassertürme die Entwicklung zum freistehenden Aggregat begann.

Verkehr

Ohne die Industrialisierung wäre die Entwicklung des Eisenbahnwesens nicht vorstellbar. Umgekehrt wäre jedoch die Ausbreitung der Industrie ohne die Eisenbahn undenkbar. Der schnelle und massenhafte Transport von Menschen, Informationen, Rohstoffen und Fertigwaren ist ein grundlegendes Merkmal der Industriegesellschaft. Die rasche Ausdehnung der Eisenbahnnetze in Europa und Nordamerika seit den 30er Jahren des 19. Jahrhunderts erzwang auch die Überbrückung natürlicher Hindernisse. 1823 wurde die erste eiserne Eisenbahnbrücke über den Gauntless für die Bahnlinie Darlington–Stockton dem Verkehr übergeben. Beim Bau der Niederschlesisch-Märkischen Eisenbahn entwickelte Ludwig Benjamin Henz 1846 die erste eiserne Gitterkastenbrücke. Die Gefahr solcher frühen Bahnbrücken bestand in der allzu starken Vibration bei Überfahrt der Züge; die daraus hervorgehenden begrenzten Spannweiten konnten erst vergrößert werden, nachdem das zunächst verwendete Gußeisen durch Flußstahl ersetzt worden war.

Eines der spektakulärsten Ereignisse des frühen Eisenbahn-Brückenbaus war die Britannia Bridge bei Bangor in Wales, die 1850 nach fünfjähriger Bauzeit eröffnet wurde; Robert Stephenson hatte sie – nach Beratung durch William Fairbairn – mit dem Architekten Francis Thompson entworfen. Diese Brücke überwindet den etwa 400 m breiten Meeresarm namens Menai Street zwischen Wales und der Insel Anglesey auf der Bahnstrecke zwischen London und dem Fährhafen Holyhead an der Irischen See. Die für damalige Zeiten revolutionäre Konstruktion besteht aus zwei geschlossenen Stahlprofilkästen, deren Querschnitt so groß ist, daß durch jeden Kasten ein Schienenstrang geführt werden konnte. Eigentlich ist die Britannia Bridge also ein freiliegender doppelter Stahltunnel von 465 m Länge, der zwischen drei rund 70 m hohen steinernen Pylonen und zwei Einfahrtstoren lagert. Die bruchsteinerne Granitarchitektur besitzt Gestaltanklänge an ägyptische

Tempel. Bei größter Spannweite von 152 m kann die Brücke – wie auch die unmittelbar benachbarte Menai Bridge eine Hängebrücke aus den Jahren 1819–24 von Thomas Telford – von kleineren Schiffen passiert werden.

Die erste kombinierte Eisenbahn- und Straßen-Hängebrücke wurde 1851–56 über den Niagara für die Strecke Buffalo–Toronto gebaut. Der Konstrukteur John A. Roebling bildete das Tragwerk von 250 m Spannweite als stählernen Fachwerkkasten, durch den die Straße und der Schienenstrang in zwei Stockwerken verliefen. Über vier pfeilerförmige Pylonen aus Bruchstein, deren Verbindungsglieder als Aufleger für den Fachwerkkasten dienten, waren die 16 cm starken Hauptseile der Brücke gespannt.

Über die Weichsel wurde 1850–57 bei Tczew (ehemals Dirschau) die Eisenbahnbrücke geführt, die der Ingenieur Lentze als

Robert Stephenson & Francis Thompson: Britannia Bridge, 1845–50, Bangor/Wales

John A. Roebling: Niagara Bridge, 1851–55, Niagara Falls

Gitterkastenbrücke konzipiert hatte. Auf sieben Steinsockeln aufliegend ließ das Bauwerk sechs Öffnungen zu je 123 m frei. Neben dem Kasten, durch den die beiden Schienenstränge liefen, ragten auf jedem Sockel Turmpaare zur Führung des Kastens empor. Der Gestaltbezug dieser Türme zur mittelalterlichen Wehrarchitektur erzeugte eine militante Droh- und Abwehrgebärde, die in Kontrast zum verbindenden Charakter der Brücke stand. Dieser Kontrast wurde durch die unterschiedliche Gestaltwirkung des allein auf technisch-konstruktiven Erwägungen beruhenden Rhythmus der Stahlkonstruktion und der martialischen Turmarchitektur noch verstärkt (1940 wurde die Brücke zerstört).

1860 konstruierte der Ingenieur Sternberg die erste größere Eisenbahn-Bogenbrücke über den Rhein bei Koblenz. Unter ihren zahlreichen Nachfolgerinnen nimmt die Wupperbrücke bei Müngsten zwischen Solingen und Remscheid insofern eine besondere Stellung ein, als diese etwa 500 m lange und 107 m hohe Brücke mit ihrer Spannweite von 170 m als zur Zeit älteste Flußstahl-Konstruktion noch heute in Betrieb ist. Rieppel, der Konstrukteur des auch Müngstener Brücke genannten Bauwerks von 1893–97, griff auf Eiffels Erfahrungen beim Bau der Duoro-Eisenbahnbrücke bei Oporto in Portugal 1876–77 und des Garabit-Viadukts über die Truyère 1880–84 zurück. Rieppels Wupperbrücke wiederum diente der Straßenbrücke über den Niagara bei Niagara Falls zum Vorbild. Alle diese Bogenbrücken verzichteten auf Mauerwerkarchitektur; sie waren reine Stahlkonstruktionen, deren Gestalten sich allein aus technisch-konstruktiven Notwendigkeiten ergaben. Damit standen sie der Severn Bridge nahe.

Ein Höhepunkt des Eisenbahn-Brückenbaues im 19. Jahrhundert ist die von Benjamin Baker und John Fowler entworfene Brücke über den Firth of Forth für die Bahnstrecke Edinburgh–

Lentze: Eisenbahnbrücke bei Tczew (ehem. Dirschau), 1850–57

Anton von Rieppel: Brücke über die Wupper, 1893–97, Müngsten bei Solingen

Aberdeen. 1883 wurde der Bau begonnen; sieben Jahre später konnte man die 2,5 km lange Brücke eröffnen. Jede der beiden Hauptöffnungen besitzt eine Spannweite von 521 m. Ihre Höhe läßt großen Schiffen Durchfahrt. Zurückgehend auf Heinrich Gottfried Gerbers Auslegerbrücken setzen sich bei der Brücke über den Firth of Forth die drei rautenförmigen Auslegerteile aus nach oben zusammenstrebenden Doppeltragwerken zusammen, deren Druckglieder aus mächtigen Stahlblechrohren bestehen. Die beiden zierlich wirkenden Zwischenglieder, die mit Schiffen eingefahren wurden, stellen eigentlich selber schon große Brücken dar. Beide Vorbrücken sind als Kastenfachwerke ausgebildet. Ihre Auflager bestehen aus gemauerten Pfeilern. Streng genommen handelt es sich bei der Brücke über den Firth of Forth um die Kombination drei verschiedener Brückentypen, die durch Addi-

Benjamin Baker
& John Fowler:
Eisenbahn-
Brücke
über den
Firth of Forth
1883–90,
Queensferry
bei Edinburgh

tion miteinander verbunden sind. Ihre Gestalt ergab sich aus dem
rationalen Zweck, einen Meeresarm unter schweren technischen
Bedingungen zu überspannen. Dennoch setzte das Bauwerk wegen
seiner ungeheuren Größe auch irrationale Ausdruckwerte frei.
Längere Zeit galt es als eine Art »Achtes Weltwunder«. Sein Gi-
gantismus symbolisierte das Vertrauen der Industriegesellschaft in
ihre manipulativen Kräfte gegenüber der Natur. Dadurch half die
Firth of Forth Bridge mit, die vehemente Kritik zu verdrängen,
der sich der Fortschrittsglaube der Ingenieure ausgesetzt sah, nachdem bei Dundee 1879 die längste Brücke der Welt – die auf 85
Pfeilern ruhende 3250 m lange Firth of Tay Bridge von Thomas
Bouch – nach eineinhalbjährigem Betrieb von einem nächtlichen
Winterorkan zerschmettert worden und ein Personenzug ins Meer
gestürzt war*.

Ferner war es vor allem der Bau von Bahnhofsgebäuden, welcher der Industriearchitektur als Aufgabe gestellt wurde. Wie beim Bau von Maschinenhäusern, Fabrikhallen und freistehenden Aggregaten fanden sich auch hierfür in der Baugeschichte keine Vorbilder. Der erste Großbahnhof hieß Euston Station in London. 1833 war Robert Stephenson, der Konstrukteur der Britannia Bridge und Sohn des Lokomotivbauers George Stephenson, Baudirektor der London and Birmingham Railway geworden. Unter seiner Leitung entwarfen der Architekt Ph. Hardwick d. Ä. und der Ingenieur Charles Fox einen Kopfbahnhof, der 1835–39 errichtet wurde; der Schienenlauf endete in einer weichen Krümmung zur Seymour Street hin. Fox überdachte die neben der Krümmung befindlichen Bahnsteige, die – sehr modern – für Droschken zugänglich waren, mit einer gußeisernen, glasgedeckten Konstruktion, de-

Robert Stephenson, Charles Fox, Philip Hardwick d. Ä. & Philip Hardwick d. J.: Euston Station in London, 1835–49 (nach der ersten Erweiterung)

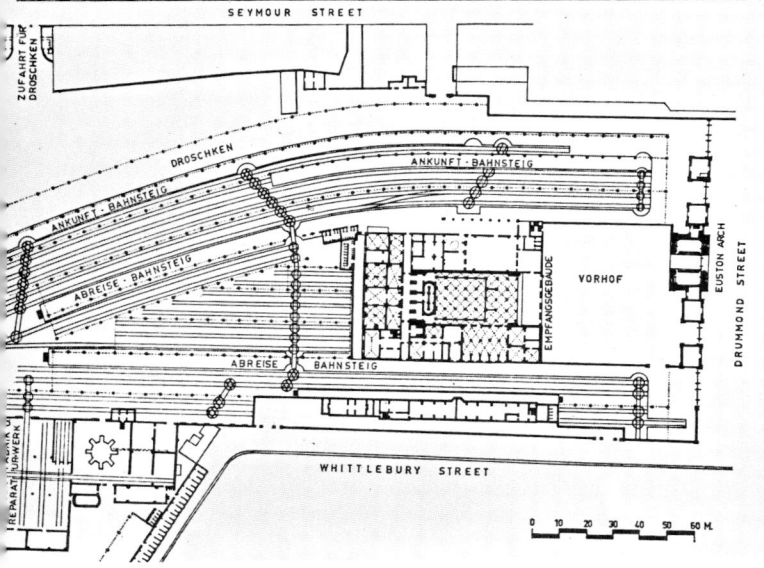

Robert Stephenson & Philip Hardwick d. Ä.: Euston Arch in London, 1835–39 (Aquarell, Mitte des 19. Jahrhunderts)

ren Dreiecksbinder auf Eisensäulen lagerten, welche untereinander mit Längsträgern und Kreissegmentstreben verbunden waren. Ohne baukünstlerische Ambitionen verkörperte diese Halle ihre rationalen Zwecke. Ihre technisch-sachliche Nüchternheit, die durch den Schwung der Krümmung und durch das perspektivisch sich verjüngende Stakkato der Säulen und Binder betont wurde, stand im Kontrast zum Eingang Euston Arch, den Hardwick entworfen hatte. Ein »dorisches« Propylon von fast 30 m Höhe mit vier gußeisernen Säulen und vier flankierend angeordneten kenotaphartigen Torhäusern schlossen zur Drummond Street einen schlauchförmigen, in die Tiefe schmaler werdenden Empfangshof ab. Zu beiden Längsseiten des Hofes standen zweistöckige Bahnhofsgebäude in schmuckloser Ziegelsteinarchitektur, über deren Vorderfront sich jeweils ein von gußeisernen Säulen getragenes Vordach hinzog. Der Bau erregte Widerspruch. Der Kritiker Pugin machte auf den lächerlichen Effekt aufmerksam, der dadurch entstehen müsse, wenn man durch eine kolossale Toreinfahrt vor ein schäbiges Bahnhofsgebäude gelänge. Der Architekt Cubitt rechnete vor, daß man für die 35 000 Pfund Sterling, welche allein der Eingang gekostet hatte, einen ganzen Bahnhof hätte bauen können. Beide Argumente sind interessant: Das erste beruht auf der richtigen Überlegung, daß man mehr Geld hätte aufwenden müssen, um einen totalen repräsentativen Effekt zu erzielen; das zweite Argument, das einem anderen Bereich der Kosten-Nutzen-Rechnung entstammte, bezweifelte die Notwendigkeit des repräsentativen Aufwandes der Eingangsarchitektur. Natürlich empfand in der ersten Hälfte des 19. Jahrhunderts niemand mehr die Formen antiker Tempel- und Heroenbauten als heilig. Dennoch wurden solche Gestaltelemente auf eine profane Weise »geheiligt«; in ihnen verkörperte sich die Erhebung der Privilegierten über ihre Alltagsgeschäfte vermittels Bildung und ästhetischer Lebensführung im privaten Bereich. Wenn also Hardwicks Eingangsensemble für Euston Station den Beifall seiner Auftraggeber fand (und wie anders hätten sie sonst die horrende Bausumme bereitgestellt?), so konnte dies nur bedeuten, daß sich die Aktionäre der Bahngesellschaft gleichsam als Privilegierte betrachteten. Daraus kann man folgern, daß der Eingangsbau die architektonische Dokumentation des Herrschaftsanspruchs der aufgestiegenen Schicht des kapitalistischen Bürgertums war. Daß mit dem dorischen Portikus und den Torhäusern zugleich auch die neuen rationalen und profanen Zwecke des aufkommenden Eisenbahnverkehrs »geheiligt« wurden, die zur Zeit, als Euston Station gebaut wurde, noch keineswegs überall unumstritten waren, rundet das Bild ab: 1846–49 wurde in Euston Station der Ziegelbau abgerissen und von Philip Hardwick d. J. durch ein »klassizistisches« Empfangsgebäude mit großer Halle ersetzt, das der Eingangsarchitektur seines Vaters besser entsprach. Dadurch wurde der lange Hof zu einem Quadrat verkürzt, das an den beiden übrigen Seiten eine Mauereinfassung erhielt. Auf diese Art und Weise verbarg Hardwick d. J. die zur Wittlebury Street hin in der Form einer großen Gabel erweiterten Schienenstränge mit ihren Bahnsteighallen. Zugleich ging damit ein Motiv des barocken Schloßbaues in den Industriebau über, das später auch für Fabrik- und Zechenanlagen übernommen wurde: der Ehrenhof, Cour d'honneur. Nach dieser ersten Erweiterung zeigte sich an Euston Station deutlich die Tendenz, die al-

Robert
Stephenson
&
Charles
Fox:
Dach-
konstruktion
der Bahn-
steighalle
der
Euston
Station,
1835-39,
London

lein auf rationale Zwecke gerichteten Eisenkonstruktionen der Bahnsteighallen hinter »edleren« Baukörpern zu verbergen. Fast alle Bahnhöfe des 19. Jahrhunderts lassen das gleiche Bestreben erkennen*. Dabei war für das Gebäude meist ein Architekt, hingegen für die stählerne Bahnhofshalle und den Schienenlauf immer ein Ingenieur zuständig. Diese Bahnhöfe sind ein Beispiel dafür, in welchem Maße der traditionelle Beruf des technisch-künstlerischen Baumeisters in zwei Ressorts auseinandergefallen war.

Im ausgehenden 19. Jahrhundert begann der Bau großer Kanäle. Die zum Teil recht ausgedehnten Kanalnetze, die im 17. und 18. Jahrhundert in einigen absolutistischen Staaten angelegt worden waren, reichten für den industriellen Massentransport von Kohle, Erz, Holz, Getreide und Baustoffen nicht mehr aus. Da diese alten Kanäle entweder zu flach und zu schmal oder von den neu entstandenen Industriezentren zu entfernt waren, mußten sie vergrößert oder durch neue ergänzt werden. Anders als Eisenbahnen kommen Kanäle direkt nur dem industriellen Verkehr zugute. Jedoch die Investitionskosten, die rechtlichen und politischen Konsequenzen eines Kanalprojektes überschritten die Möglichkeiten und Kompetenzen des privaten Kapitals, dem also nichts anderes übrigblieb, als durch Forderungen und Einflußnahmen den Staat für solche Bauvorhaben zu interessieren. Andrerseits besaß der Staat ein Interesse an einer leistungsfähigen Binnenschiffahrt, da gute Kanäle neben erhöhtem Wirtschaftswachstum, größeren Steuereinnahmen und verbesserter Beschäftigungslage auch die Versorgung der im 19. Jahrhundert auf Dampfbetrieb umgestellten Kriegsflotten mit Kohle versprachen.

Neben dem 1836–46 gebauten Ludwig–Donau–Main-Kanal, der mit 173 km Länge und 100 Schleusenwerken bei 183 m Höhenunterschied Karls des Großen Plan einer »Fossa Carolina« verwirklichte, war der Dortmund–Ems-Kanal mit 250 km Länge das größte Kanalprojekt des 19. Jahrhunderts in Mitteleuropa. 1886 hatte die preußische Staatsregierung ein Sondergesetz erlassen, das die Bodenenteignungen regelte und die Baukosten auf 58,4 Millionen Goldmark festlegte. In der Rekordbauzeit von sieben Jahren konnte der Kanal 1899 fertiggestellt werden. 4200 holländische, polnische und italienische Arbeiter wurden bei den Erd- und Bauarbeiten eingesetzt. Die Bauleitung lag bei den Bauräten Cludius, Consbruch, Hermann, Kisker, Mau und Oppermann. Die Entwürfe und die Erstellung der Hochbauten – Schiffshebewerk Henrichenburg, drei Überbrückungen über die Flüsse Lippe, Stever und Ems sowie 112 Straßen- und Wegebrücken – lagen in den Händen des Baudirektors Hinkeldeyn. Mit dem Kanal wurden der

Hinkeldeyn: Schiffshebewerk Henrichenburg, 1894–99, Waltrop bei Recklinghausen

Emdener Seehafen ausgebaut und die Binnenhäfen Dortmund, Herne, Hamm und Münster angelegt. Eine Reihe von Pumpwerken und Schleusen sorgte für die Wasserhaltung und die Überwindung des Höhenunterschiedes von rund 80 m.

Mit der Fertigstellung des Dortmund–Ems-Kanals und der drei Anschlußstücke des Rhein–Herne-Kanals, des Wesel–Datteln-Kanals und des Datteln–Hamm-Kanals entstand eine wichtige Verbindung zwischen dem Rhein sowie dem niederländischen und belgischen Kanal- und Flußnetz einerseits und den nordwestdeutschen Wasserstraßen andererseits. Diesen Verbund schloß der 1905–38 erbaute Mittelland-Kanal an die mitteldeutschen Flußläufe und Kanäle an, und über den Oder–Havel-Kanal, den Oder–Spree-Kanal, die Warthe und Netze sowie den Bromberg-Kanal ergab sich eine Verbindung sogar mit der Weichsel. Damit war Binnenschiffahrt von Basel nach Hamburg, von Antwerpen nach Oberschlesien, von Rotterdam nach Warschau oder Prag möglich geworden. Hauptzweck des Dortmund–Ems-Kanals jedoch war die Versorgung des Ruhrgebiets mit schwedischem und spanischem Erz, mit finnischem Grubenholz und überseeischem Getreide sowie die Verschiffung von Schiffskohle oder schweren Stahlerzeugnissen an die deutschen Küstenhäfen.

Unter den Hochbauten des Dortmund–Ems-Kanals ragt das heute noch erhaltene, aber außer Betrieb gesetzte Schiffshebewerk Henrichenburg bei Waltrop in der Nähe von Recklinghausen hervor, das erste seiner Art in Deutschland. Der Bau wurde 1894–99 von den Maschinenfabriken Haniel & Lueg, Harkort (heute DEMAG) und Lahmeyer ausgeführt. Auf Grund des Archimedischen Prinzips* hob und senkte sich ein 70 m langer und fast 9 m breiter Stahltrog mit einem Wasserfüllgewicht von 3000 t auf fünf Schwimmerkammern allein durch die Gewichtsvermehrung und -verminderung des zu- und abgepumpten Wassers zusammen mit den hineingefahrenen Lastkähnen wie ein Fahrstuhl. Das Schiffshebewerk Henrichenburg zeigt – wie viele Bahnhöfe oder manche anderen Industriebauten – ein Auseinanderklaffen der Stahlbauarchitektur und des Mauerwerks. Klar ist die stählerne Troganlage von den beiden Vorbecken und ihren bruchsteingemauerten, pylonenhaften Tortürmen abgesetzt. Der Stahlbau wird allein von den Betriebsabläufen geprägt. Die Mauerwerksarchitektur nimmt dagegen zusätzlich in offenkundig repräsentativer Absicht zahlreiche historisierende Gestaltwerte auf, was freilich nicht ausreiche, um den technischen Charakter des Bauwerkes zu verschleiern. So stehen sich im Schiffshebewerk zwei Bauauffassungen – des Architekten einerseits und des Ingenieurs andererseits – unverhüllt innerhalb eines Ensembles gegenüber.

INSTITUTIONALISIERUNG

Weltausstellungshalle

Ungewöhnliche Versuche im 19. Jahrhundert, traditionelle Gestaltwerte mit den neuen riesigen Abmessungen zu repräsentativen Ausdruckswerten innerhalb der Industriearchitektur zu vereinen, stellen die Gebäude der Weltausstellungen seit 1851 dar*. Dabei wurde zugleich beabsichtigt, den seit der Mitte jenes Jahrhunderts bewußter werdenden Konflikt zwischen dem künstlerisch-gestaltenden Bauen und der technischen Ingenieurkonstruktion zugunsten des ersteren zu entscheiden. Daß es sich bei den Weltausstellungsgebäuden um Industriearchitektur handelte, kann nicht bezweifelt werden. Schon als Prinz Albert, Gemahl der britischen Königin Victoria, die Idee der Berliner Gewerbeausstellung von 1844 übernahm und 1851 zu einer internationalen Schau entwikkelte, war der industrielle Vergleich zwischen den europäischen Staaten geplant. Dieses nationale Wettbewerbsdenken deckte sich mit dem Konkurrenzgedanken der kapitalistischen Industrie, der eine Hilfestellung durch die jeweiligen Nationalstaaten gelegen kam. Nicht immer ging es dabei so humorvoll-pfiffig zu wie in London 1851, als der größte englische Gußstahlhersteller einen 5-Zentner-Block mit der Aufschrift »monster bloc« zeigte, woraufhin Alfred Krupp, der zur Eröffnung gekommen war, sogleich in Essen einen Block von 100 Zentnern Gußstahl bestellte, der mit der Aufschrift »little bloc« die Lacher und die Kunden auf seine Seite brachte. Der polnische Philosoph und Kritiker Julian Marchlewski ließ sich von Werbegags über die wirtschaftlichen Hintergründe der Weltausstellungen nicht hinwegtäuschen, als er 1900 zur Pariser Ausstellung schrieb: »Denn in der Tat, der ganzen zur Schau gestellten Kultur liegt der Kapitalismus zugrunde, und den Kapitalismus wiederum kann man sich nicht ohne brutale Konkurrenz, ohne Flitterkram und Betrug, ohne dies alles, was das Jahrmarkthafte ausmacht, vorstellen. ... Eine Ausstellung von derartigem Gepräge ist noch als geringste Aufschneiderei zu bezeichnen, da sie genauestens der Realität entspricht«*. Man muß nicht Marxist sein wie Marchlewski, um die chauvinistischen und kapitalistischen Antriebe hinter den Superveranstaltungen zu erkennen. Ebenfalls 1900 schrieb Hans Kraemer im Rückblick auf die Weltausstellung von 1862 in unverhohlenem Nationalstolz über den deutschen Industriebeitrag: »Die Nutzgewerbe waren gut. Stahl ausgezeichnet. Eisen sehr gut. Maschinen gingen aufwärts«*. Das war Börsenjargon und entsprach den Absichten der Ausstellungen: Sie sollten repräsentieren, werben, Umsätze steigern und somit als Instrumente des industriellen Konkurrenzkampfes fungieren.

In Chicago wurden nach der Weltausstellung 1893 einige Stahlkonstruktionen demontiert und weiterverkauft, die vorher mit Gipsnachbildungen historischer Bauelemente verkleidet waren. Lediglich das Verwaltungsgebäude entstand in solidem Mauerwerk. Den surrogathaften Charakter kurzlebiger Ausstellungsbauten verstärkte eine Flut von historisierenden Zitaten und Reminiszenzen: Der provisorische Pomp imitierte etwa die Kuppel von St. Peter in Rom (natürlich größer), den Dogenpalast in Venedig (natürlich breiter), das Erechtheion auf der Akropolis in Athen (natürlich kompletter) oder die Silhouetten englischer Schlösser (natürlich imposanter). Fast immer verbargen sich hinter dieser »Wegwerf-Architektur« raffinierte Stahlkonstruktionen, die es überhaupt erst ermöglichten, den in kürzester Zeit aufgerichteten komplizierten Bauformen ihre Statik zu verleihen. Was als Triumph einer auf historische Gestaltwerte gerichteten Repräsentativarchitektur gemeint war, erwies seine Abhängigkeit vom Konstruktionsgeschick der Ingenieure. Nur dort, wo die Ausstellungsbauten quantitativ den jeweiligen konventionellen Standard sprengten und der Kosten wegen kein Mauerwerk erhielten, beließ man sie als reine Ingenieurbauten. Dies geschah beispielsweise beim Londoner Kristallpalast 1851, den Joseph Paxton aus Erfahrungen im Gewächshausbau entwickelte. Innerhalb von sechs Monaten wurde die rund 560 m lange Halle gebaut, deren hölzernes Tonnengewölbe eine Spannweite von 22 m besaß. 74 000 qm überbaute Fläche wies der Bau auf. Paxton hatte seinem Entwurf als Rastermaß die damals größtmögliche Glasscheibe von 1,25 m Länge zugrunde gelegt. Auch die gußeisernen Säulen, Streben und Träger für die Seitenschiffe waren standardisiert. Ein Vorbild für diesen Bau gab es im Gewächshaus von Chatsworth.

Nachfolger fand der Kristallpalast auf fast allen weiteren Weltausstellungen des 19. Jahrhunderts, etwa im Pariser Palais de l'Industrie von 1855, dessen nunmehr eisernes Tonnengewölbe bereits 48 m Spannweite maß.

»Panorama der Weltausstellung 1876 in Philadelphia«

Danach ist vor allem das Colisée du Travail der Pariser Ausstellung von 1867 zu nennen: Um eine Gartenanlage legten sich ovale Ringe von Galerien, deren äußere 1200 m lang war. Der Konstrukteur Krantz, dessen Assistent der junge Eiffel war, hatte an 28 m hohen Eisenpfeilern Korbbogenbinder von 35 m Spannweite und 25 m lichter Höhe aufgehängt.

Einen weiteren technischen Fortschritt im Hallenbau bot die »Galerie des Machines« von 1878, die Henri de Dion entworfen

Joseph Paxton: Hauptportal des Kristallpalastes auf der Weltausstellung 1851, London

hatte. Zum ersten Male wurde nun in der Dachkonstruktion auf Zugstangen verzichtet und die Lasten direkt über eiserne Vollwandpfeiler ins Fundament abgeleitet.

Und schließlich sei die zweite »Galerie des Machines« in Paris erwähnt die – nach Dions System – von Dutert und Contamin 1889 errichtet wurde und mit ihren Abmessungen alle bisher erreichte Hallenarchitektur in den Schatten stellte. Obwohl man diese Eisen-Glas-Bauten schon als technische Experimente anerkannte und wegen ihrer alles Bekannte übertreffenden Größe bewunderte, teilten sie meist nach kürzerer Zeit das Schicksal der steinernen, hölzernen oder gipsernen Ausstellungsarchitektur des 19. Jahrhunderts: sie wurden abgerissen*, und bei der nächsten Ausstellung trat ein noch fortschrittlicherer, noch größerer Bau auf. Sie

alle unterlagen dem Prinzip der Konkurrenz. Was gestern noch gigantisch und einmalig war, das erschien heute schon untauglich, um noch als Superlativ der Werbung funktionieren zu können. Es zeigte sich, daß die Abmessungen dieser Gebäude allein nicht ausreichten, um sie zum gültigen und dauerhaften Symbol der Industriegesellschaft zu erheben. Ja, was ihnen symbolhaften Charakter verlieh, das war gerade ihr Abriß! Als Instrumente von Wettbewerb und Werbung unterlagen sie deren Gesetze: Wettbewerb und Werbung heizen nicht nur die Konkurrenz und den Verbraucher an, sondern konsumieren selber Einfälle und Neuheiten. Der befristete Nutz- und Werbewert der Ausstellungsarchitektur im 19. Jahrhundert bedeutete das programmierte Todesurteil für die einzelne Halle. Die industrielle Expansion begann, ihre bewunderungswürdigsten Kinder zu fressen.

Diesem Schicksal entging der Eiffel-Turm. Im Gegenteil: Mit dieser Sensation der Sensationen auf der Weltausstellung von 1889 in Paris fand die erste Phase der industriellen Epoche ihr abschließendes Symbol. In mancherlei Hinsicht war dieser Bau eine Besonderheit gewesen. Gustave Eiffel und der Schweizer Ingenieur Maurice Koechlin, auf den die Berechnungen zurückgehen, ließen den 300 m hohen Giganten das Fazit aller Erfahrungen im Stahlbau des 19. Jahrhunderts verkörpern und vermehrten sie um ein Beachtliches: Neu waren zum Beispiel die Probleme der Aerodynamik, welche dieser Turm mit sich brachte; neu war bei der Größe auch die Fundamentierung des ungeheuren Gewichts durch hydraulische Lager; neu war die Anwendung des 1853 von Elisha Graves Otis erfundenen Fahrstuhles auf der Betriebsbasis eines kombinierten elektrischen und hydraulischen Systems; neu war die Präzision der Arbeitsabläufe, die es ermöglichte, die Nietlöcher der vorgefertigten Stahlteile bis auf einen Zehntelmillimeter genau vorzubohren; neu war, daß ein Turm seine Großgestalt allein mathematischen Berechnungen verdankte[*]; und neu war endlich, daß ein Gebäude der Industriearchitektur keine rationalen industriellen Zwecke erfüllte und dennoch durch die Eintrittsgelder von 28 Millionen Besuchern bereits im Laufe der Ausstellung nicht nur amortisiert, sondern auch zu einem gewinnträchtigen Unternehmen gemacht wurde[*].

Gustave Eiffel & Maurice Koechlin:
Eiffel-Turm auf der Weltausstellung 1889, Paris

Alle diese Novitäten dürften das breitere Publikum freilich nur am Rande interessiert haben, wenngleich die Weltpresse darüber berichtete. Diese Superlativen hätten wohl kaum ausgereicht, dem Eiffel-Turm seine überragende Symbolkraft zu verleihen. Eigentlich faszinierte die Menschen – im Guten wie im Bösen– an diesem Bauwerk nur seine Höhe*. Kein Zikkurat*, keine Pyramide, kein Wehrturm, keine Kathedrale, kein Schloßturm und kein neuer Turm der Industrie war bislang so hoch emporgestoßen. Nichts hatte je eine solch pathetische Baugebärde erreicht. Mit Eiffels »Tour de trois cent mètres« – wie er das Gebilde in selbstbewußter Betonung der Höhe nannte, das er wie ein Idol mitten in eine Cour d'honneur im Zentrum der Ausstellung plazierte – erhob sich das Zeitalter der Industrialisierung buchstäblich und sinnfällig über alles bisher Dagewesene. Bedenkt man, daß hohe Türme in der Geschichte immer der Verherrlichung göttlichen oder weltlichen Herrschertums vorbehalten waren und damit zugleich die Unterdrückung der Ohnmächtigen bezeugten, dann begreift man, daß der Turm von Paris weit über traditionelle Herrschaftsgebärden hinausgriff. Durch ihn triumphierten direkt Wissenschaft, Technik und Industrie sowie indirekt, doch deshalb nicht weniger wirkungsvoll, das diese drei Institutionen ausnutzende Kapital über die vorangegangenen Mächte der Geschichte. Eiffel wußte das und nannte darum sein Hauptwerk »die immerwährende Verkörperung der modernen Ingenieurkunst, des Jahrhunderts der Industrie und der Wissenschaften«*. Bemerkenswert ist dabei, daß der Eiffel-Turm seine Legitimation nicht aus der Macht eines einzelnen Herrschers, Industriekapitäns oder Großkapitalisten, eines genialen Ingenieurs oder Wissenschaftlers gewann, sondern einer alles umfassenden und beeinflussenden Wirtschaftsideologie. So ist es kein Wunder, wenn man zur Weltausstellung von 1900 den Plan faßte, den Eiffel-Turm zu vergolden. Eiffel konnte seinen Turm nur bauen, weil die Stahlbautechnik im 19. Jahrhundert eine rasante Entwicklung genommen hatte. Die repräsentative Geste des Bauwerks stand auf der technischen Höhe seiner Zeit. Doch beruhte diese Geste auch auf einer weiteren Voraussetzung: Der Bau wurde erst möglich, nachdem das Unternehmerbürgertum seinen Repräsentationsanspruch öffentlich erhoben hatte.

Verwaltungsgebäude

Nun leistete sich der industrielle Kapitalismus spezielle Repräsentationsbauten. Für eine dauerhafte Selbstdarstellung eigneten sich die meist kurzlebigen Ausstellungsbauten natürlich nicht. Die Produktionsbauten waren zu sehr von ihren rationalen Zwecken geprägt, als daß sie dem Repräsentationswillen voll genügt hätten. So sind es vor allem die Verwaltungsbauten und die Fabrikantenvillen gewesen, in denen sich das Selbstbewußtsein des Unternehmerbürgertums manifestierte. Es lag nahe, dabei mit übernommenen, bewährten Gestaltwerten den eigenen Machtanspruch gegenüber den alten gesellschaftlichen Mächten zu verdeutlichen. Im letzten Viertel des 19. Jahrhunderts kam der industrielle Verwaltungsbau auf. Als sich im scharfen Konkurrenzkampf der Unternehmen allmähliche Konzerne bildeten, wurden die Probleme der Planung, der Finanzierung, der Orginasation und des Absatzes so vielfältig, daß sie nicht mehr von einzelnen Prinzipalen mit wenigen Vertrauten bewältigt werden konnten. Innerhalb der großen Industriewerke bildeten sich deshalb Verwaltungsapparate heraus. Ihr Informationsvorsprung gegenüber den Produktionsbereichen, ihre Planungs- und Entscheidungsbefugnis machten sie zu den geistigen und bürokratischen Zentralen der Unternehmen. Dadurch besaßen sie einen hohen repräsentativen Wert: sie vertraten den Unternehmer selbst.

Deshalb wurden die Werksverwaltungen an besonders vorherrschenden Stellen innerhalb der Werke angesiedelt. Davon zeugt beispielsweise das Verwaltungsgebäude der ehemaligen Spinnerei Gebrüder Laurenz in Ochtrup im nordwestlichen Münsterland. Seine Prachtfassade beherrscht die östliche Zufahrt der kleinen Stadt. Der holländische Architekt Beltmann entwarf 1893 das Gebäude. Er entlieh Gestaltwerte der niederländischen Rathaus- und der italienischen Schloßarchitektur der Renaissance und des Manierismus. Die vielen Voluten, Obelisken, Lünetten, Diamantgesimse, Giebelsprengwerke, Rustikateile, Arkadenbögen, Keilsteine, Pfeiler, Rundbogenfenster und Pilaster fügen sich zu einer einfachen Großgliederung. Das Gebäude, das hervorragend erhalten ist, zeigt die ursprüngliche starke Farbigkeit.

Ähnlich wie das Ochtruper Verwaltungsgebäude nahm die sogenannte »Burg« der Hörder Bergwerks- und Hüttenverein AG mit seinen feudalen Gestaltwerten den beherrschenden Platz innerhalb des Industriewerkes ein.

Die Lage der industriellen Verwaltungsgebäude in den Eingangszonen der Werke hing davon ab, daß die Verwaltungen auch den Werkverkehr zu überwachen hatten. Hierzu bot sich aus der Baugeschichte das Burg- oder Stadttor als Bauform an. So ist das Eingangstor der 1898 errichteten Borsig-Werke in Berlin-Tegel von Reimer und Körte ein Verwaltungsbau, dessen trutzig aufgemachte Märchenbucharchitektur nicht etwa ironisch gemeint war. Modernste Technologie, die hinter diesem Tor zur Anwendung gelangte, vertrug sich im Selbstverständnis der Großunternehmerfamilie durchaus mit romantisierender Militanz.

Beltmann: Verwaltungsgebäude der Spinnerei Gebr. Laurenz, 1893, Ochtrup/Westfalen

Verwaltungsgebäude der Hörder Bergwerks- und Hüttenverein AG, 1899,
(Dortmund-)Hörde

Beim Werktor der AEG-Fabriken in Berlin griffen Tropp und Schwechten 1896 auf Bauformen der nordostdeutschen sakralen Backsteingotik und des Klassizismus zurück. Mosaiken auf den Fassaden zeigen silbernes Rankenwerk, aus dem kleine Blitze und Glühlämpchen wachsen, sowie ein goldenes Firmenemblem und Bäumchen, an denen gleichfalls Lämpchen hängen. Baugeschichtlich ist das wohlerhaltene AEG-Tor für den Bereich der Industriearchitektur insofern aufschlußreich, als an ihm versucht wurde, überkommene Gestaltwerte mit eigens dafür geschaffenen industriellen Bildsymbolen zu verbinden.

Konrad Reimer & Friedrich Körte: Haupttor der Borsig-Werke, 1895–98, Berlin-Tegel

Paul Tropp & Franz Schwechten: Tor Brunnenstraße, 1896, Allgemeine
Elektricitäts-Gesellschaft (AEG), Berlin-Wedding

Unternehmervilla

Wie solche Werktore sollten auch die Fabrikantenvillen durch
ihre Repräsentationskraft einen Abstand zu den Arbeitern herstellen. Hierbei trat der Unternehmer offen mit seinem persönlichen
Herrschaftsanspruch vor alle Leute hin. Dies konnte geschehen,
nachdem das Unternehmertum unübersehbare ökonomische und
gesellschaftliche Macht gewonnen hatte. Als die ersten großen
Unternehmervillen um 1850 errichtet wurden, waren die aufge-
wendeten Summen nicht klein. Zudem griff man ohne Zögern sogleich zu jenen architektonischen Gestaltwerten der Vergangenheit, die ein hohes Prestige verhießen: zu denen der Schloß- und
Palastarchitektur. Borsig ließ sich 1849 von Johann Heinrich
Strack neben sein Werk am Berliner Oranienburger Tor eine pa-
lastartige Villa bauen, die 1868 erweitert wurde.

Alfred Krupp »Ehrenhof der Villa Hügel« (Entwurf), um 1868

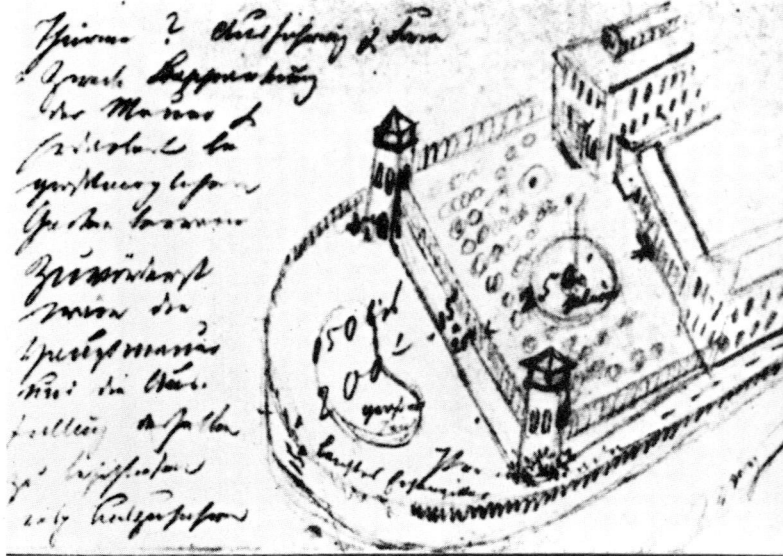

Gartenfassade der Villa Hügel, 1869–73, Essen-Bredeney

Das berühmteste Beispiel einer Fabrikantenvilla des 19. Jahrhunderts in Deutschland ist die Villa Hügel in Essen, deren Bau Alfred Krupp in den sechziger Jahren des vorigen Jahrhunderts beschloß. Zunächst sah er rund 170 000 Taler vor, wofür man eine mittlere Eisenhütte hätte bauen können. Doch wurde diese Summe bis zum Einzug in den Bau im Jahre 1873 um ein Vielfaches überschritten, weil Krupp selber immer wieder in die Entwürfe der Architekten mit eigenen technischen und architektonischen Ideen eingriff. Am Ende war ein Palazzo entstanden, der unterschiedliche Gestaltwerte vom Hellenismus bis zum Spätbarock enthielt. Der Bauherr hatte sogar versucht, die Umgebung der Villa bis ins einzelne zu gestalten: Auf eigens angefertigten Fahrzeugen wurden hunderte von alten Bäumen herangefahren

W. Bovensiepen: Fabrikantenvilla, um 1880, Witten

und im Park eingepflanzt. Daß es Krupp gelang, auf dem Areal
einen eigenen Bahnhof installieren zu lassen, rundet das Bild eines
Bauprojekts ab, welches schließlich solche ungewöhnlichen Dimensionen angenommen hatte, daß es zum Synonym für die Un-
ternehmervilla schlechthin wurde; denn die »kleinen Krupps« ta-
ten es ihrem Vorbild nach.

Werksiedlung

Als die Villa Hügel errichtet wurde, ordnete Alfred Krupp gleichzeitig den Bau von etwa 3 000 Wohnungen für Arbeiter in Essen-Cronenberg, in Essen-Dreilinden und in Essen-Schederhof an. Dies war kein Alibi für den aufwendigen Villenbau, denn Männer wie Krupp hielten solche Alibis nicht für nötig. Die Unternehmer hatten im Laufe der ersten Hälfte des 19. Jahrhunderts gelernt, daß die Probleme, die sich aus der Zuwanderung großer Menschenmassen in die Industriegebiete ergaben, allein schon aus dem Eigeninteresse der Fabrikherren berücksichtigt werden mußten. Die unerwünschte Fluktuation der Arbeiterschaft zwischen den Betrieben, der besorgniserregende Gesundheitszustand von Teilen der Arbeiterschaft und die Gefahr von politischen Unruhen in den Arbeiterquartieren widersprachen den Interessen des Kapitalismus. Deshalb mußten die Zuwanderer mit Hilfe von dauerhaften Wohnungen seßhaft gemacht und an die Betriebe gebunden werden. Schon Friedrich Engels hatte 1845 Berichte erwähnt, die das Wohnungselend in den Arbeiter-Cottages von Manchester be-

»Paradise Row in Agar Town, London«, 1853, Holzstich

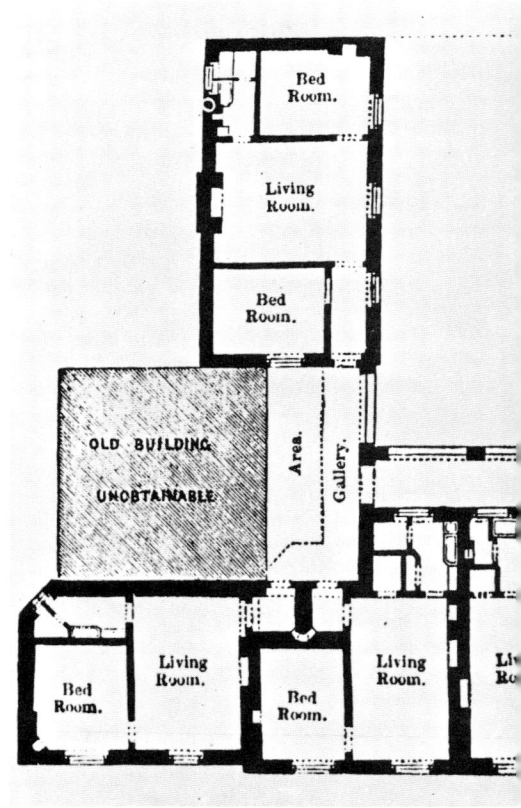

Henry Roberts:
Arbeiterwohnblock
Stratham Street,
1849,
London

Bed Room =
Schlafzimmer
Living Room =
Wohnzimmer
Staircase =
Treppenhaus

trafen*. Fast durchweg auf gepachtetem Boden stehend, wiesen diese kleinen Miethäuschen – entsprechend dem englischen Bodenrecht – keine dauerhafte Bauweise und Ausstattung auf. Mit ihrer oft halbsteinigen Ziegelbauweise, ohne sanitären Einrichtungen und zuweilen nur aus einem ebenerdigen Zimmer mit einem Dachraum bestehend, sollten sie innerhalb kurzer Fristen einen möglichst hohen Gewinn abwerfen. Die unfreiwillige Ironie des Namens »Paradies-Reihe« für solch eine Slum-Straße in der Londoner Agar Town steigert den Eindruck des Elends, das in diesen Behau-

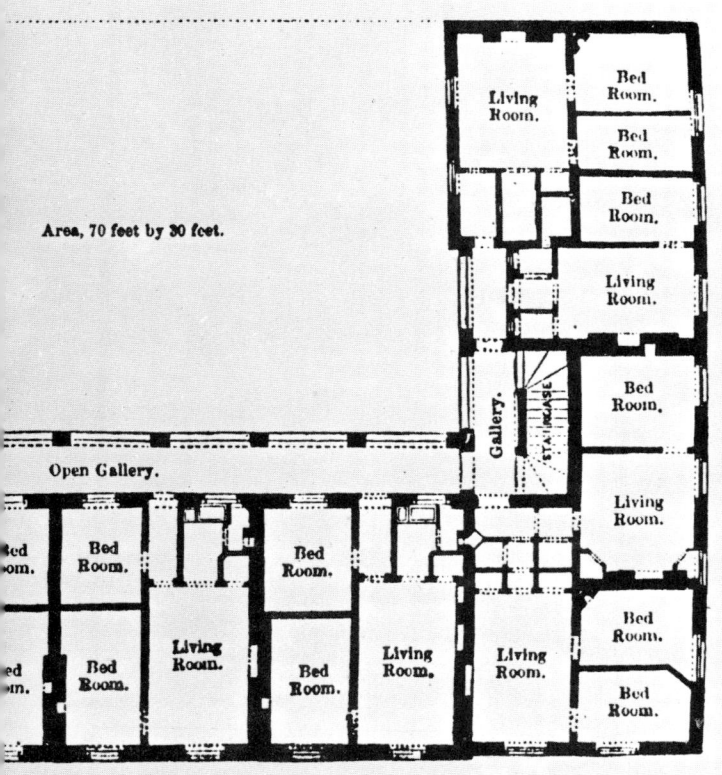

Area, 70 feet by 30 feet.

Open Gallery.

sungen herrschte. Unter den Versuchen zu einem menschenwürdigeren Arbeiterwohnungsbau sind in England die Entwürfe von Loudon aus dem Jahre 1818, von William Bridge Adams, gen. Junius Revidivus aus dem Jahre 1831 und von Sidney Smirke aus dem Jahre 1834 zu nennen. In allen drei Fällen handelte es sich um Wohnblocks, in denen – wenigstens teilweise – Toiletten mit Wasserspülung, Warmluftheizungen, Wasserzapfstellen in den Wohnungen, Müllschlucker, Kinderspielräume, Bibliotheksräume, Schulräume und weitere zentrale Versorgungseinrichtungen vor-

William Fairbairn u. a.: Fabrikstadt Saltaire/England, 1850–72

gesehen waren! Weil sich für diese Bauvorhaben keine Finanziers
fanden, blieben sie nur auf dem Papier stehen. Die 1843 in London
gegründete »Metropolitan Association for Improving the Dwell-
ings of the Industrious Classes« ließ bis 1853 von Henry Roberts
und W. B. Moffat Wohnblocks entwerfen, die wegen der Größe
der Wohnungen als recht komfortabel galten: 2–3 Zimmer, Küche,
WC. In erstaunlicher Selbstbeschränkung hatte die Gesellschaft
eine Mindestdividende von 5% festgesetzt und bestimmt, daß jeder Mehrgewinn sogleich in neue Bauprojekte investiert werden
müsse. Das System war für gewinnorientierte Kapitalisten nicht

attraktiv. Zudem kosteten die Wohnungen bis zu 7 Shilling die Woche, was ein Arbeiter bei einem Wochenlohn zwischen 8 und 12 Shilling nicht aufbringen konnte. Erst als sich kommunale und genossenschaftliche Baugesellschaften nach 1865 mit dem Problem des englischen Arbeiterwohnungsbau beschäftigten, wurde eine gewisse Verbesserung der Situation spürbar*. Vor allem waren es die kapitalistischen Unternehmer selbst, die sich seit der Mitte des 19. Jahrhunderts um die bessere Unterbringung der Arbeiter kümmerten. Natürlich geschah dies nicht aus Altruismus. Man wollte

Arbeiterwohnblock der Borsig-Werke, um 1898, Berlin-Tegel

Facharbeiter an die Fabriken binden. Da man nicht für alle Arbeiter eines Betriebs solche Wohnungen zur Verfügung stellen konnte, wurden die fabrikeigenen Wohnungen und Häuser als Auszeichnung an besonders ergebene Betriebsangehörige vergeben. Sie waren also auch als Führungsinstrumente gedacht. Als eines der ersten und größten Projekte dieser Art ließ der Industrielle Titus Salt von 1850 bis 1872 im Tal des Aire bei Leeds die Fabrikstadt Saltaire (von »Salt« und »Aire«), errichten. Der Ingenieur William Fairbairn hatte sie geplant. In unmittelbarer Nähe der Fabrik entstanden nach und nach 820 Reihenhäuschen in engen Zeilen. Auch eine Kirche, eine Schule und eine Bibliothek wurden gebaut. Die Wohneinheiten waren größer, hygienischer und günstiger unterteilt als in den früheren Cottages. Später lockerte man in England das stereotype Zeilengefüge auf. Kleine Gärten und Baumgruppen sollten den Anblick freundlicher machen. Die Häuser selbst wurden bisweilen nach verschiedenen Grundrissen gebaut. Beispie-

Henry Roberts: Arbeiter-Musterhaus der Weltausstellung 1851, London

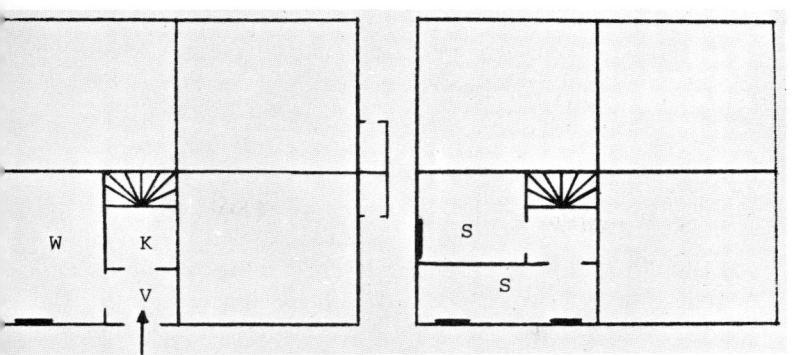

Müller: Vierfamilien-Arbeiterhaus für die Cité Ouvrière in Mulhouse/ Frankreich, 1852 (A = Abort; K = Küche; W = Wohnzimmer; S = Schlafzimmer; V = Vorraum)

le dieser Art sind die Arbeitersiedlungen Port Sunlight des Lever-Konzerns bei Liverpool von 1888 oder der Schokoladenfabrik Cadbury in Bournville von 1895. Diese besseren Siedlungen gingen auf Häuser im Londoner Vorort Bedford Park zurück, die Richard Norman Shaw 1875 für Besitzer aus dem bürgerlichen Mittelstand gebaut hatte. Sie sind Vorläufer des Gartenstadtgedankens, der von William Morris und Ebenezer Howard verfochten wurde. Auch auf dem Festland setzten sich Überlegungen zur fabrikeigenen Arbeitersiedlung durch. Dabei wurde oft eine Mischbebauung aus Reihenhäusern und Wohnblocks angestrebt, wie etwa auf dem rund 150 000 qm großen Wohnungsbaugelände der Berliner Borsig-Werke in Berlin-Tegel um 1898.

Ein anderer Teil der Fabriksiedlungen bestand aus Zwei- oder Vierfamilienhäusern. Schon Prinz Albert von England hatte bei Henry Roberts ein Musterhaus für vier Arbeiterfamilien zur Londoner Weltausstellung von 1851 in Auftrag gegeben. Das Gebäude erregte Aufsehen. Aber obgleich zahlreiche europäische Unternehmer bei ihrem Besuch der Ausstellung das Haus gesehen haben müssen, blieb es wohl vor allem wegen seiner hohen Gestehungskosten ein Modell. Ein Jahr später jedoch erteilte die Pariser »Société des Cités Ouvrières« unter dem Eindruck dieses Modells dem Architekten Müller den Auftrag, für eine Arbeitersiedlung in Mülhausen ein billigeres Haus zu entwickeln. Dies war der Prototyp des Arbeiterhauses, der für die zweite Hälfte des 19. Jahrhunderts neben den Wohnblocks vorherrschend werden sollte. Müller entwarf ein Vierfamilienhaus mit kreuzförmigem Grundriß, dessen Viertel in doppelstöckiger Bauweise jeweils einen Vorflur mit separatem Eingang, eine Küche mit eigenem Wasseranschluß, eine Wohnstube und zwei Schlafkammern besaßen. Die Aborte waren außen angebaut. Alle dekorativen Elemente, die noch an Roberts' Weltausstellungshaus zu beobachten gewesen waren, wurden weggelassen. Der einfache Kubus mit einem Satteldach konnte je nach Region in Ziegel- oder Hausteinmauerwerk ausgeführt werden. Da sich in der Folge der Müllersche Standardgrundriß als variabel erwies, konnte der Prototyp allerorten übernommen werden. Noch heute sind im Ruhrgebiet derartige Häuser zu finden. Durch den Zustrom ostdeutscher und polni-

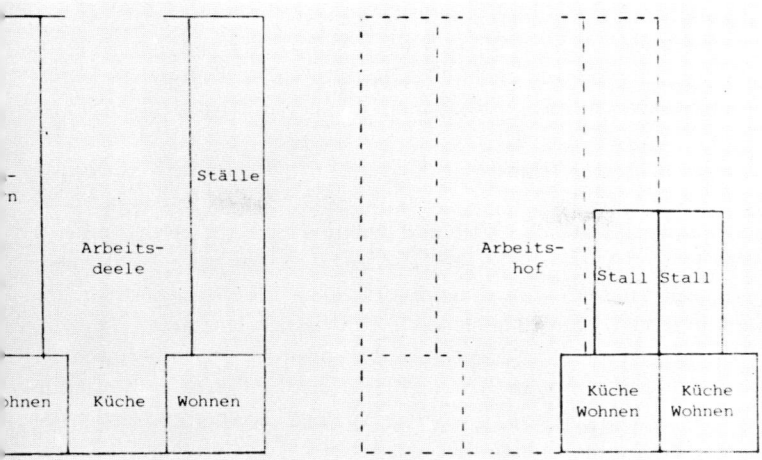

Bergarbeiterhaus im Ruhrgebiet (rechts), 2. Hälfte des 19. Jahrhunderts –
Münsterländer Bauernhaus (links)

scher Arbeitskräfte bildete sich speziell im Ruhrgebiet eine besondere Variante der Zwei- und Vierfamilienhaus-Siedlung heraus.
Anfangs wurden diese Zuwanderer noch in kasernenartigen Mas-
senquartieren aufgefangen, bespielsweise 1500 Menschen in einem
fünfgeschossigen Gebäude untergebracht.

Sobald jedoch die auswärts lebenden Familien der Arbeiter ins
Ruhrgebiet nachrückten, war zu berücksichtigen, daß wegen
der agrarischen Herkunft dieser Menschen und ihrer niedrigen
Entlohnung in den Fabriken das Bedürfnis nach einer teilweisen
Selbstversorgung mit Agrarprodukten bestand. So wurde an den
Müllerschen Prototyp des Arbeiterhauses ein kleiner Vieh- und
Gerätestall angegliedert; ein Arbeitshof, der meist hinter den Häu-
sern lag, ging in einen großen Garten über, der zusammen mit der
Wohnung vermietet wurde. Auf diese Weise entstanden im Ruhr-
gebiet die sogenannten Bergmanns- und Stahlarbeiterkolonien. Bei
manchen dieser Siedlungen ist in der Organisation der Haus- und
Hofgrundrisse ein gewisser Einfluß der Münsterländer Bauern-
hausarchitektur unverkennbar.

Bergarbeiterhäuser, um 1880, Dortmund-Kruckel   143

Gartenstadt

Die später viel geschmähten »Kolonien« des Ruhrgebietes waren Vorläufer der Gartenstädte, die der englische Sozialreformer Ebenezer Howard 1898 als Siedlungsform der Zukunft forderte. Nach dem Wunsch des Hagener Bankierssohnes und Kunstmäzens Karl Ernst Osthaus hätte die »Gartenstadt Emst« in seiner Heimatstadt eines der größten Projekte dieser Art werden sollen*. Die Pläne des Regierungsbaumeisters Albert Marx sahen auf einem 1,5 Millionen qm großen bewaldeten Berggelände am Südrand der Stadt 2500 Wohneinheiten sowie Geschäfte, Gaststätten, Schulen, Spielplätze und Sportanlagen vor. Das um 1907 geplante Ensemble sollte längs einer 60 m breiten Allee durch zahlreiche abzweigende Wohnstraßen gegliedert werden. Waldstücke, Gärten, Rasenflächen, Plätze, Brunnen und Freiplastiken waren ebenso in die Überlegungen einbezogen wie der Gedanke, durch gestaffelte Mietpreise der eigens gegründeten gemeinnützigen Baugesellschaft und durch die Möglichkeit privaten Hausbesitzes innerhalb der Siedlung eine einseitige Bevölkerungsstruktur zu verhindern. Die Größe des Vorhabens, der Ausbruch des Ersten Weltkrieges und der Widerstand von Kommunalpolitikern, die sich als Repräsentanten des kleinbürgerlichen Haus- und Grundbesitzes verstanden und den Vergleich mit den schäbigen Renditehäusern fürchteten, ließen die »Gartenstadt Emst« scheitern, obgleich die Hagener Großindustrie dem Projekt positiv gesonnen war. Lediglich einige Textilarbeiterhäuser in bodenständiger Hausteinbauweise konnten von Richard Riemerschmid, dem Architekten der Wohnsiedlung in Dresden-Hellerau, von 1910 bis 1912 fertiggestellt werden.

Die kleine Arbeitersiedlung der Glashütte Crengeldanz (heute Deutag) von 1913 in Witten zeigt, wie das Hagener Großprojekt vielleicht hätte aussehen können; denn es ist ja nicht auszuschließen, daß es von Osthaus' Ideen beeinflußt wurde. 73 Wohneinheiten in Ein- und Zweifamilienhäusern sowie in einigen größeren Häusern demonstrieren in ihrer aufgelockerten, um einen kleinen Platz gruppierten Mischbauweise in bogig angelegten Wohnstraßen, wie weit sich der Arbeiterwohnungsbau seit der Zeit der erbärmlichen Cottages entwickeln konnte.

Industrieanlagen

Die wichtigste Erfindung der Industriearchitektur ist die Industrieanlage. Fabriken entstanden stets aus einem Kernbau für die Produktion, um den Hilfseinrichtungen wie Schuppen, Wächterhäus-
chen und Kontor gruppiert wurden. Da man in der Anfangsphase
meist genügend Grundfläche zur Verfügung hatte, legte man bei
der Organisation der Lagepläne keinen besonderen Wert auf die
Abstimmung der Betriebsabläufe und der Verkehrswege mit den
Grundstücken. Die Standorte der Betriebe, die nicht mehr von
Wasserkraft abhängig waren, wurden so gewählt, daß bäuerlich-
handwerkliche Arbeitskräfte angeworben werden konnten. Auch
die Nähe größerer Städte, deren Handwerker als Arbeiter in den
Fabriken in Frage kamen, wurden bevorzugt. Besonders aber in der
Umgebung von Zechen siedelten sich zahlreiche Fabriken an, weil
dadurch die Transportkosten für den Energieträger Kohle niedrig
gehalten wurden.

Arbeitersiedlung der Glashütte Crengeldanz (DEUTAG), 1913, Witten

Das Gedränge der Fabriken auf engem Raum und die mit zunehmender Expansion der Einzelbetriebe knapper bemessene Grundfläche des Fabrikgeländes ließen die Betriebsareale schnell zuwuchern. Um den ursprünglichen Kernbau lagerten sich immer mehr Produktionsgebäude und Hilfseinrichtungen wie Maschinenhäuser, Wassertürme, Lagerschuppen, Betriebswerkstätten und freistehende Aggregate an. Eine längerfristige Planung für dieses Wachstum gab es meist nicht. Es scheint, als seien die Fabrikherren von der Expansion ihrer Betriebe überrascht worden. Sukzessiv und pragmatisch behalf man sich mit Zu-, Um- und Anbauten solange, bis das Betriebsgelände, das in den seltensten Fällen durch Zukäufe nennenswert erweitert werden konnte, derart vollgestellt war, daß nur noch die Auslagerung des Betriebes in ein größeres Gelände den völligen Zusammenbruch der Betriebsab-

Zeche Franziska + Gießerei Reunert + Glasfabrik Haarmann, Schott & Hahne im Jahre 1886, Witten

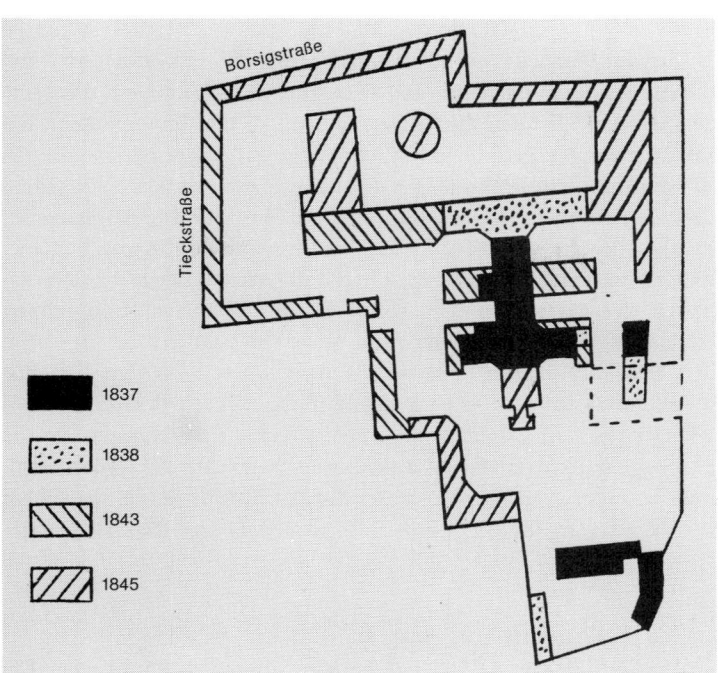

Borsigstraße

Tieckstraße

■	1837
▫	1838
▨	1843
▨	1845

August Borsig u. a.: Borsigsche Eisengießerei und Maschinenbauanstalt in Berlin, 1837–45 (Grundstücksgröße rund 20 000 qm)

läufe verhindern konnte. Ein typisches Beispiel für eine solche »Betriebsexplosion« auf engstem Raum ist die Entwicklung der Borsigschen Eisengießerei und Maschinenbauanstalt auf ihrem ersten Fabrikgelände in Berlin vor dem Oranienburger Tor 1837–45. Auch das Hüttenwerk Bochumer Verein zeigt in einer Ansicht von 1880 ein ähnliches Gedränge, und in der Badischen Anilin- & Soda-Fabrik in Ludwigshafen hat es 1881 nicht viel anders ausgesehen. Die beiden letzten Beispiele verraten schon die Tendenz, die Fabrikanlagen übersichtlicher zu gliedern. Manchmal waren es die weiten Bögen werkseigener Eisenbahnen, die eine entsprechende Anordnung der Gebäude und Aggregate erzwangen. Zuweilen legte die Nutzung eines Flußufers als Kaianlage die Öffnung der Verkehrswege der Fabrik in diese Richtung nahe.

Mit der Auslagerung der Betriebe auf größere Areale enstand die Möglichkeit, das planlose Wachstum der Frühphase, das seine Vorläufer in bäuerlich-handwerklichen Gewerbesiedlungen besaß, durch geplante Addition zu ersetzen. 1898 eröffneten die Borsig-Werke in Berlin-Tegel ihr neues Hauptwerk. Der Lageplan dieses Musterbeispiels für eine geplante Fabrikanlage am Ende des 19. Jahrhunderts war von dem Oberingenieur Metzmacher entworfen worden, der auch für die Stahlkonstruktionen der Werkshallen verantwortlich war. Eine Hauptverkehrsachse durchzog das ganze Gelände von Ost nach West. Mit ihr wurde im Osten der Anschluß an die Chaussee nach Berlin und an den Bahnhof Tegel gewonnen. Im Westen erschloß die Achse das Gelände zum Tegeler See hin, wo ein werkseigener Hafen den Anschluß an die Havel und – über das brandenburgisch-märkische Kanalsystem und die Oder – an die Ostsee vermittelte. Das Gelände der Fabrik wurde so zum Verbindungsstück zwischen den drei Hauptver-

»Hüttenwerk Bochumer Verein in Bochum«, Holzstich von Eltzner, 1880

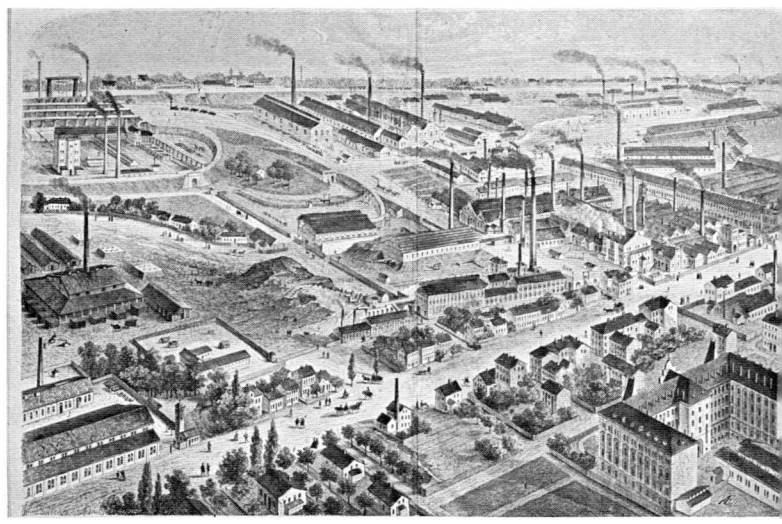

Robert Stieler »Badische Anilin- & Sodafabrik (BASF) in Ludwigshafen«,
1881, Leinwand, 122 × 255 cm. Ludwigshafen, BASF

kehrssystemen Straße, Eisenbahn und Wasserstraße. Längs der
Hauptverkehrsachse des Betriebs wurden die Betriebseinheiten
parallel und im rechten Winkel zueinander, ihrer Wichtigkeit entsprechend gestaffelt, aufgereiht. Da die Gebäudeachsen in der
Regel den Betriebsabläufen im Inneren entsprachen, wurden auf
diese Weise überflüssige Transportwege vermieden. Zugleich
spiegelte die Zuordnung der Gebäude untereinander die Produktionsabläufe von Betriebseinheit zu Betriebseinheit wider. Das
System der Planung Metzmachers ist noch heute trotz mancher
Veränderungen auf dem Fabrikgelände ablesbar. Seine Gestaltwerte vermitteln den Ausdruck rationaler Produktionszwecke
einer Industrieanlage an der Wende von 19. zum 20. Jahrhunderts.
Auch die Leit- und Kontrollfunktionen der Verwaltung fügen sich
mit den entsprechenden Gebäuden nahtlos ein: An einem großen
Hof, der von der Hauptverkehrsachse her gesehen im Osten etwas
südlich versetzt ist, liegen das Bürogebäude und das Hauptportal
von Reimer und Körte. Dieser Hof fing einerseits den ankommen-
den Verkehr auf, andrerseits öffnete er das Fabrikgelände zur Berliner Chaussee und zur gegenüberliegenden Borsigschen Arbeitersiedlung auf der Tegeler Heide.

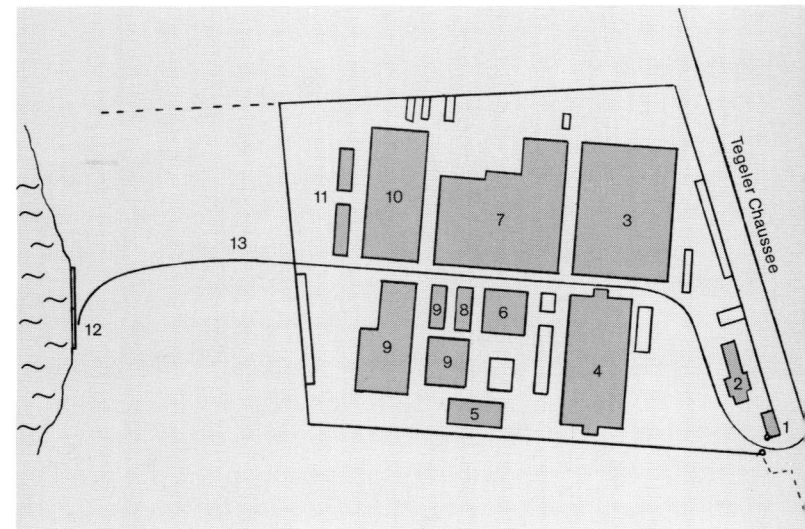

Metzmacher: Borsig-Werke in Berlin-Tegel (Grundstücksgröße 1898
rund 215 000 qm, 1914 rund 245 000 qm)

1 Haupttor
2 Verwaltung
3 Kesselschmiede
4 Lokomotivbau
5 Kupferschmiede
6 Modellbau
7 Dreherei + Montage
8 Gußputzerei
9 Gießerei
10 Hammerwerk

11 Kraftwerk
12 Verladekai
13 Werkbahn
    vom Tegeler
    See zum
    Bahnhof
    Tegel

Totale Industrie-Architektur

ZECHE ZOLLERN 2/4 IN DORTMUND

Auch die Zeche Zollern 2/4 in Dortmund-Bövinghausen ist eine
geplante Anlage. Sie entstand 1898–1918 in mehreren Bauab-
schnitten, nachdem die Gelsenkirchner Bergwerks AG 1893 bei
der Abteufung eines Wetterschachtes auf abbauwürdige Kohle-
vorkommen gestoßen war. Zunächst wurde der Architekt Paul
Knobbe mit der Planung und der Bauleitung beauftragt. Ins Zentrum der Zeche setzte er die beiden Einbock-Fördertürme des
Wetter- und des Förderschachtes, so daß sie spiegelverkehrt zuein-
andergewandt ein symmetrisches Bild ergaben. Die vertikale Symmetrieachse dieses Turmpanoramas wurde von der Längsachse der
Anlage rechtwinklig geschnitten; auf dieser Achse wurden von
Westen nach Osten eine baumbestandene alleeartige Zufahrt, das
Portal, der Zechenhof, das Verwaltungsgebäude, die Maschinenhalle, das alte Kesselhaus und ein Werkstattgebäude aufgereiht.
Südlich von der Maschinenhalle lagen hinter dem Turm des Förderschachtes die Kohlenwäsche, die Kohlensortiererei, eine Kokerei
mit 80 Koksretorten und eine Ammoniakgewinnungsanlage. Hinter dem Wetterschacht nördlich der Maschinenhalle befanden sich
die Kühltürme der Kesselanlage, das neue Kesselhaus, die Kamine
der Kraftzentrale sowie einige kleinere Betriebsgebäude. Die ganze
Anordnung spiegelt in diesen Teilen die Betriebsabläufe einer
großen Zeche um die Jahrhundertwende exakt wider. Generaldirektor Emil Kirdorf hatte mit Bedacht einen historisierenden
Architekten ausgewählt: Knobbe vertrat eine neogotische Back-
steinbauweise, die er bereits mit dem Architekten Nordmann
1898–99 am Erweiterungsbau der Verwaltung des Rheinisch-
Westfälischen Kohle-Syndikates in Essen repräsentativ und erfolg-
reich eingebracht hatte. Auch bei der Zeche Zollern 2/4 ging es
teilweise um Repräsentation mit Hilfe feudaler und sakraler Gestaltwerte: Als Knobbe die zunächst einfach aufgefaßten Entwürfe
für eine Lohnhalle vorlegte, mußte er nach den Wünschen der Di-
rektion den Mitteltrakt mit einem durchbrochenen Staffelgiebel,

zwei Zwiebeltürmen, einer kathedralartigen Fensterfront und einem vorgezogenen Portal wesentlich aufwendiger gestalten. Vom Repräsentationswillen der Bergwerksgesellschaft zeugen auch die großen Mosaiken im Inneren der Halle. Ähnlich wie dieses 1901 an der Südseite des Zechenhofes errichtete Bauwerk, das noch ein Magazin und die Waschkaue der Zeche beherbergte, wurden auch die anderen Gebäude, die den Hof umschließen, mit historistischen Schaufassaden ausgestattet. Die nördliche Begrenzung wird durch ein Werkstattgebäude, die Pferdeställe und die Feuerwehrremise gebildet. Im Westen, wo die Zufahrt einmündet, befinden sich das Portal mit zwei tempelartigen Pförtnerhäuschen, die Lam-

penausgabe, die Sanitätsstation und die Leichenkammer. Von der Tiefe des Hofes im Osten aus beherrscht das Gebäude der Zechenverwaltung mit seinem Mittelrisalit, seinem großen Spitzbogenfenster und einem Fialengiebel den Blick. Zu diesem Gebäude, das zentral vor dem Panorama der beiden Fördertürme stand, stellt – vom Portal aus gesehen – eine Rasenanlage mit Zierbäumen in der Mitte des Hofes eine spürbare Distanz her. Zugleich verstärkt die Begrünung das Bild einer bewußten Prachtentfaltung, die in einem deutlichen Kontrast zu der schmutzigen Arbeit unter und hinter den beiden Fördertürmen steht. Hier wurde nicht nur ein Zechenhof errichtet. Man konnte sich auch in übertragenem Sinne »bei Hofe« fühlen! Das Vorbild des Hofensembles ist nämlich der Ehrenhof der Schloßanlagen des Absolutismus. Freilich residierte auf Zollern 2/4 kein Feudalherr. Es war auch kein patriarchalischer Fabrikherr etwa vom Schlage Krupps, der sich hier das Symbol seiner privaten Macht gesetzt hatte. Vielmehr stand die Zechenverwaltung als Teil der anonymen Macht eines Großkonzerns mit ihrem Gebäude im Mittelpunkt der Repräsentation dieses Ehrenhofes, der architektonisch den Übergang vom Früh- zum Großkapitalismus verkörperte und späteren Zechenanlagen im Ruhrgebiet als Vorbild diente.

Zollern 2/4 markierte auch in anderer Hinsicht einen Übergang. Westlich von der Zeche wurde in der Gemarkung Merklinde die Bergmannssiedlung Landwehr angelegt. Diese Siedlung unterscheidet sich von den zuvor im Ruhrgebiet üblichen darin, daß in ihr bereits 1903–04 das Gartenstadtmotiv anklingt: 24 Arbeiterhäuser, die als vier verschiedene Grundtypen entworfen waren, sind unterschiedlich zu den Straßenverläufen gestellt. Dadurch ergab sich mit den Gärten und Bäumen ein wechselvolles Bild, das im Gegensatz zu der stereotypen Reihung vorheriger Arbeitersiedlungen stand. Zwischen der Siedlung und der Zeche befanden sich die Häuser der Zechenbeamten und des Betriebsleiters. Am Westrand der Arbeitersiedlung setzte die Begwerksgesellschaft den Bau des Bahnhofs Dortmund-Merklinde durch und erreichte damit eine Anbindung an das Bahnnetz des Ruhrreviers. Trotz dieser Neuerungen spiegelt der Lageplan das hierarchische Denken der Konzernleitung wieder: Die Siedlung war wie ein Dorf

Paul Knobbe: Lohnhalle der Zeche Zollern 2/4, 1901, Dortmund-Bövinghausen

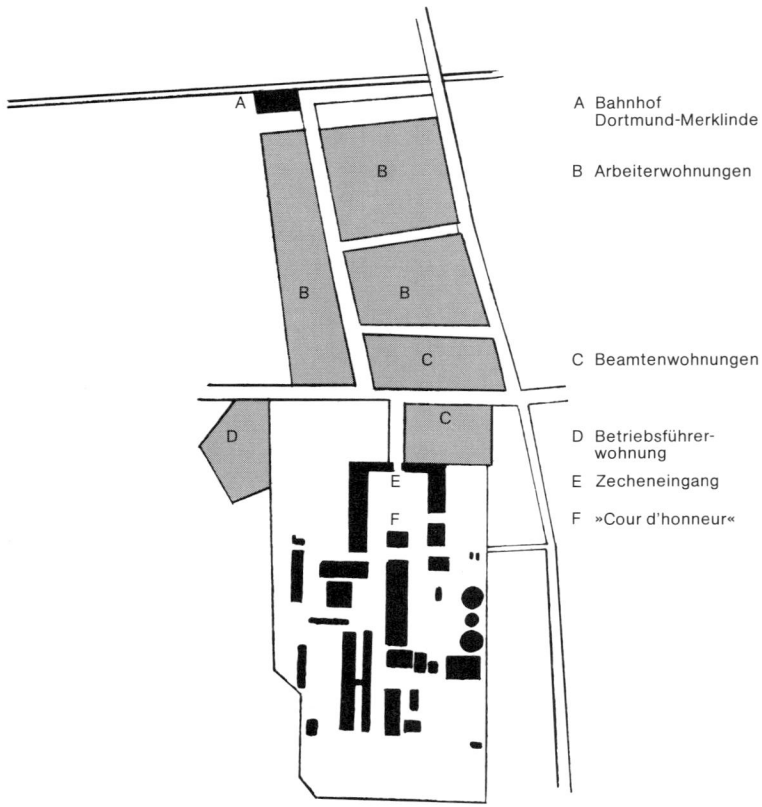

A Bahnhof
   Dortmund-Merklinde

B Arbeiterwohnungen

C Beamtenwohnungen

D Betriebsführer-
   wohnung

E Zecheneingang

F »Cour d'honneur«

Paul Knobbe, Reinhard Krohn & Bruno Möhring: Zeche Zollern 2/4, 1898–1918, Dortmund-Bövinghausen (Lageschema)

höfischer Dienstkräfte den Beamtenhäusern vorgelagert, die ihrerseits gewissermaßen den Platz der Kavaliershäuschen vor absolutistischen Schloßanlagen einnahmen und näher an der Quelle der Macht, dem Verwaltungsgebäude am »Ehrenhof«, lagen.

Auch unter einem dritten Aspekt war Zollern 2/4 eine Übergangsarchitektur. Als Knobbe 1902 seine Pläne für die große Maschinenhalle, in der die Kraftzentrale des Betriebs untergebracht werden sollte, vorlegte (vgl. Abb. S. 67), wurden sie verworfen. Man beauftragte vielmehr den Ingenieur Reinhard Krohn und den Architekten Bruno Möhring mit dem Bau und der Fertigstellung der Zeche. Das Stahlfachwerkgebäude mit seinen aus der Stahlkonstruktion hervorgehenden großen Stichbogenfenstern war von der Hallenarchitektur der Weltausstellung beeinflußt. Krohn und Möhring hatten bereits für die Düsseldorfer Industrie-, Gewerbe- und Kunstausstellung von 1902 eine ähnliche Halle entworfen.

Auch in die Gestaltung der Maschinenhalle griff die Generaldirektion der Bergwerksgesellschaft ein. Auf ihren Wunsch betonte Möhring, der bereits am Berliner S-Bahnhof in der Bülowstraße Jugendstilelemente verwandt hatte, das Portal, Teile des Stahlfachwerks und die 19 m lange marmorne Schalttafel im Inneren der Halle mit dekorativen Gestaltwerten, welche auf Einflüsse der Pariser Métro-Stationen von Guimard zurückgehen. In diesen Wünschen der Konzernleitung kündigte sich ein sich veränderndes Repräsentationsbewußtsein der Großindustrie an: Man forderte Modernität der Bauform. Diese Forderung, die auch an Möhring und Krohn beim Entwurf der Maschinenhalle von Dortmund-Bövinghausen herangetragen wurde, bedeutete für die Industriearchitektur, daß der technische und industrielle Fortschritt nun nicht mehr historistisch legitimiert werden sollte. Modernität bedeutete jedoch vor allem höchster ökonomischer wie auch technischer Standard. Stahlfachwerkbauten waren billiger geworden als eine dekorative konventionelle Mauerwerksarchitektur. Der neue Entwurf verhieß eine bessere Durchlichtung der Halle. Wegen des Verzichts auf Einbauten oder Stützen wurde außerdem die günstigste Raumausnutzung erreicht. In dem Bau sollte überdies die erste elektrische Fördermaschine der Welt installiert werden. Schließlich war auch völlig neu, daß in der Halle zum ersten Mal die gesamte Energieversorgung einer Zeche zentralisiert wurde. Bedenkt man nun noch die für eine Zeche sehr großen Dimensionen des Baus, so wird klar, daß der repräsentative Wert der Maschinenhalle von Zollern 2/4 nur zum geringsten Teil auf ihren Jugendstilornamenten beruhte. Mit diesen hätte Emil Kirdorf wohl auch kaum die Öffentlichkeit, die Konkurrenz und die Bergleute der Zeche beeindrucken können. Am Urteil der Öffentlich-

Reinhard Krohn & Bruno Möhring: Maschinenhalle der Zeche Zollern 2/4, 1902, Dortmund-Bövinghausen

keit, die schon bald von einer Musterzeche sprach, war dem Ty-coon* jedoch sehr gelegen. Kirdorf benötigte eine Demonstration der Modernität und der technischen Überlegenheit seines Zechen-imperiums. Ein solches progressives Image konnte mithelfen, die eigenen Aktienkurse so hoch wie möglich zu treiben. Das paßte in seine Abwehrstrategie gegen Bestrebungen der konkurrierenden

Ruhrkonzerne Stinnes und Thyssen, die eine Aktienmehrheit an der Gelsenkirchner Bergwerks AG und die Entmachtung Kirdorfs anstrebten. Neben der Werbewirkung nach außen besaß die Zechenanlage Zollern 2/4 eine Wirkung nach innen. Im modernsten Bergbaubetrieb des Ruhrreviers zu arbeiten, in einer gartenstadt-ähnlichen Siedlung mit villenartigen Häusern wohnen zu dürfen, sich täglich beim Betreten des Zechenhofs daran erinnert zu sehen, daß man einem mächtigen Konzern diente, dies mußte – zusammen mit einer auf Abhängigkeit gerichteten Lohnpolitik und dem um die Jahrhundertwende gerade im Bergbau noch stark verbreiteten hierarchischen Denken der Bergleute und Zechenbeamten – ein raffiniertes Gemisch aus Stolz und Ohnmacht entstehen lassen, die beide als Motivation für die Ergebenheit oder gar Unterwerfung gegenüber dem Konzern genutzt werden konnten.

Héctor Guimard: Eingang der Métro-Station Place de l'Etoile, 1900, Paris

Totale Integration

Fünf Jahre nach dem Bau der Maschinenhalle von Zollern 2/4 berief Paul Jordan, Direktor der Allgemeinen Elektricitäts-Gesellschaft (AEG) in Berlin, mit Billigung des Generaldirektors Emil Rathenau den Architekten Peter Behrens zum künstlerischen Beirat des Unternehmens. Neben den Entwürfen für die konzerneigenen Bauten oblag Behrens auch die Gestaltung von Produkten, von Inneneinrichtungen für Verkaufsläden und für Direktionssuiten sowie die Überwachung des Designs für Drucksachen und Werbematerial.

Was eigentlich konnte dieses Unternehmen der gerade aufgekommenen Elektroindustrie mit einem solch breiten Engagement eines bekannten Künstlers im Sinn haben, wo es doch eigentlich um die Produktion und den Verkauf von Glühlampen, Motoren und Generatoren ging? Die AEG war ein Großkonzern. Im Verlaufe der expandierenden Industrialisierung und des zunehmenden kapitalistischen Konkurrenzkampfes entstanden diese Konzerne aus dem Wachstum einzelner und unter Ausschaltung anderer Industriebetriebe. Zu Beginn des 20. Jahrhunderts zeigten diese Großunternehmen deutlich die Tendenz, vermöge ihrer wirtschaftlichen und technischen Potentiale die Rohstoffquellen, Absatzmärkte, Preise und Löhne zu monopolisieren. Damit wurden sie in fast allen Industriezweigen zu unübersehbaren und für kleinere Betriebe bedrohlichen Machtfaktoren. Sie griffen zunehmend über die Grenzen der Nationalstaaten hinaus, wobei manches von ihnen gerade am Vorabend des Ersten Weltkrieges zum Mitträger chauvinistischer Entwicklungen wurde. Wegen ihrer Funktion als Arbeitgeber großer Massen, als Produzenten von Konsum-, Investitions- und Rüstungsgütern und als bedeutende Steuerzahler war ihre politische Macht, die bis zum direkten Einfluß auf Regierungen und Parlamente ging*, so groß, daß sie das Bild der bürgerlich-kapitalistischen Industriegesellschaft mitprägten. Trotz ihrer Stärke waren die Großkonzerne jedoch von drei Gefahren bedroht. Zum ersten standen ihnen andere Konzerne gegenüber, die ihre Konkurrenten durch Markt- und Börsenmanöver unter ihren Einfluß bringen oder durch Preiskämpfe vernichten wollten. Diese Gefahr war nur abzuwehren, wenn man die Technik der Produktion unter Zuhilfenahme aller wissenschaftlichen Möglichkeiten ständig modernisierte, vervollkommnete, vereinfachte, auf immer neue Produkte ausdehnte und immer größere Massen herstellte. Der dafür erforderliche Investitionsbedarf wurde schließlich so umfangreich, daß er die gewaltigen Gewinne stark belastete. Daraus entstand die zweite Gefahr: Man mußte die Großbanken um Kredite ersuchen oder zumindestens bei der Erhöhung des Aktienkapitals um Hilfe angehen. Auf diese Weise erhielten die Banken allmählich Einfluß auf die Großkonzerne.

Natürlich bot eine solche Verflechtung von Finanz- und Geschäftsinteressen den Konzernen einen gewissen Rückhalt bei weiteren Expansionen; aber zugleich mußten sie die Verfügungsrechte über die Produktionsmittel mit den Banken teilen. Die dritte Gefahr für die Großunternehmen bestand in den sozialistischen Arbeiterbewegungen, die zu Beginn des 20. Jahrhunderts so stark geworden waren, daß ihre Forderungen große politische Bedeutung gewonnen hatten.

Dagegen wandte das Großkapital eine oftmals erprobte Doppelstrategie an: Einerseits wurden alle wirtschaftlichen und politischen Machtmöglichkeiten eingesetzt, um die Arbeiterorganisationen einzuschüchtern, durch Gesetze zu behindern, zu verteufeln oder zu zerschlagen; andrerseits gab man – unter dem Eindruck von Streiks, Wahlergebnissen oder Forderungen einzelner bürgerlichen Kritiker des kapitalistischen Systems – teilweise gewissen Verbesserungen im Arbeiterwohnungsbau, im Lohnniveau und in den Arbeitsbedingungen Raum, soweit dies in Eigeninteressen der Konzerne entsprach. Diese Doppelstrategie konnte nur wirksam werden, wenn es gelang, die organisierte Arbeiterschaft als Unruhestifterin, dagegen die Großunternehmen als fürsorgliche und für den allgemeinen Fortschritt notwendige Einrichtungen in der öffentlichen Meinung hinzustellen. Diese Imagepflege spielte auch bei der Abwehr der beiden ersterwähnten

Gefahren eine Rolle: Zur Hebung der eigenen Konkurrenzfähigkeit und zur Begrenzung fremder Einflüsse besaß der Ruf, ein modernes und progressives Unternehmen zu sein, einen nicht zu unterschätzenden Werbewert, der die Sympathien der Öffentlichkeit aktivieren und das Zugehörigkeitsgefühl der Arbeiter zum Betrieb steigern konnte.

Im Rahmen solch einer psychologisch verfeinerten Konzernstrategie sah Muthesius als einer der ersten Praktiker die Chance, die Wiederversöhnung des Architekten mit dem Ingenieur zu bewirken und eine neue Synthese von Kunst und Technik im Sinne einer modernen »Techne« zu betreiben. 1903 Referent des preußischen Landesgewerbeamtes für das Kunstgewerbe geworden, knüpfte er zur Industrie die ersten Beziehungen an, die ihm als Voraussetzung für die Durchsetzung eines ornamentarmen, auf rationale Zwecke gerichteten Funktionalismus in der Industriearchitektur und im Produkten-Design unerläßlich schienen. Da diese Gestaltungsauffassung den sich mehr und mehr mechanisierenden Bau- und Produktionstechniken sowie dem Kostendenken entgegenkam, war sie für die Großindustrie in besonderem Maße attraktiv.

Daraus entstand ein Konflikt mit den Kleingewerbetreibenden im Kunsthandwerk. Als Muthesius 1907 den Deutschen Werkbund mitbegründete, geschah es gegen das historistische Denken und die handwerklichen Produktionsweisen des üblichen Kunstgewerbes.

Obgleich andere einflußreiche Mitgründer des Deutschen Werkbundes, wie etwa Karl Ernst Osthaus, unter Anknüpfung an die Ideen von Ruskin und Morris in der schnell wachsenden Organisation eine Möglichkeit sahen, mit Hilfe einer Wiederbelebung und gestalterischen Veredelung handwerklicher Bau- und Produktionstechniken einen ästhetischen Humanismus für die breiten Massen als Gegengewicht zu den offenkundigen Auswüchsen der Industrialisierung zu fördern, erwies sich der Deutsche Werkbund schon bald wegen seiner hervorragenden Beziehungen zur deutschen Großindustrie* und durch die Schlüsselstellung Muthesius' als wichtiger Transmissionsapparat des rationalen Funktionalismus.

GROSSE INDUSTRIE-ARCHITEKTEN

Peter Behrens

Auch Peter Behrens war ein Gründungsmitglied des Deutschen Werkbundes gewesen; Muthesius hatte ihn der AEG im gleichen Jahr als künstlerischen Beirat vorgeschlagen. Behrens erfüllte alle Voraussetzungen, um der Imagepflege eines Großkonzerns dienlich zu sein. Als Architekt, Produktgestalter, Schriftentwerfer und Maler hatte er sich auf internationalen Ausstellungen einen Namen gemacht. Sein Wohnhaus von 1901 in der Darmstädter Künstlerkolonie »Mathildenhöhe« hatte Aufmerksamkeit hervorgerufen, da es deutliche Ansätze einer Fortentwicklung vom Jugendstil zu einer dekorarmen, geometrisierenden Gestaltauffassung aufwies, was einer modernen Bautechnik und industrieller Produktionsweise entgegenkam. 1903 wurde Behrens, gleichfalls auf Vorschlag von Muthesius, Direktor der Düsseldorfer Kunstgewerbeschule; er war mit Osthaus bekannt geworden, der ihm Kontakte mit deutschen Industriellen vermittelte. Schon sein erster Bau für die AEG, die Halle der Turbinenfabrik in der Berliner Huttenstraße 1909, rechtfertigte seine Berufung: Das 207 m lange und fast 39 m breite Gebäude war ein entscheidender Fortschnitt auf dem Wege zu einer neuen Industriearchitektur. In eine Haupthalle von etwa 26 m Breite und eine längs angebaute Nebenhalle gegliedert, besitzt die erhaltene Anlage von der Straße her zwei Schaufassaden. Die Schmalseite an der Huttenstraße zeigt ein großes, leicht vorgezogenes Fensterfeld, das oben mit der neuneckigen Giebelfläche, deren Hauptform aus einem regelmäßigen Sechzehneck entwickelt wurde, bündig abschließt. Die Schmalseite ist die repräsentative Front, was durch die goldgefaßte Inschrift »Turbinenfabrik« und das AEG-Signet in der großen Betonscheibe des Giebels ausgewiesen wird. Die beiden Kanten dieser Front – gleichfalls aus Beton – sind nach unten leicht auswärtsgestellt, was einerseits die Assoziation ägyptischer

Peter Behrens: AEG-Turbinenfabrik (Ecke Hutten-/Berlichingenstraße), 1909, Berlin

Tempelarchitekturen hervorruft, andererseits optisch die bollwerksartige Massigkeit dieser beiden Bauteile verstärkt. Vertikale Scheinfugen in den Vorderkanten erwecken den Anschein, als ob riesige Quadern gerade an diesen beiden Stellen die schwere Dachlast abfingen. Doch dieser Eindruck beruht auf einer Täuschung, wie ein Blick auf die zweite Schaufassade an der östlichen Längsfront in der Berlichingenstraße beweist: Das Dach wird in Wirklichkeit nämlich in seiner Hauptlast von stählernen Vollwandstützen getragen, die im Abstand von etwa 9 m und im

wechselnden Takt mit großen, bis zur Traufe reichenden Fenster-
feldern die Seitenfront gliedern. Behrens machte dies auch dadurch deutlich daß er die an der Gebäudegrundlinie befindlichen
Rollenlager der Stützen nach außen verlegte und als zusätzliche
Gestaltelemente nutzte. Die Vortäuschung des Lastens des Hal-
lendaches auf den Betonvorderkanten der Schmalseite war eine
Inkonsequenz im Sinne eines allein auf rationale Zwecke gerichteten Baufunktionalismus. Aber gerade diese Abweichung ließ erst
den Ausdruckswert des Bauwerkes entstehen. Die forcierte Massigkeit der Schmalseite an der Huttenstraße kontrastiert mit der
stereotypen Mengengliederung der Bauteile auf der Längsseite an
der Berlichingenstraße. Masse und Menge sind jedoch nicht nur
die grundlegenden Gestaltungsinhalte der Halle, sie sind auch fun-

Peter Behrens: AEG-Großmaschinen-Montagehalle (Ecke Hussiten-/Voltastraße), 1911–12, Berlin

damentale Erscheinungen großindustrieller Produktionsprozesse. Damit geriet der Bau zum repräsentativen und monumentalen Sinnbild dessen, dem sie zu dienen hatte: des Großkonzerns.

In zwei weiteren Bauten für die AEG wandelte Behrens das Ausdrucksmotiv der Turbinenfabrik ab: unter stärkerer Betonung des Mengeneffekts in der Kleinmotorenfabrik von 1910–13 und gemilderter in der dieser benachbarten Großmaschinen-Montagehalle von 1911–12. Auf demselben Gelände am Humboldthain steht auch die Hochspannungsfabrik, die er 1910–11 entwarf. Cremers nannte diesen Bau emphatisch eine »Kathedrale der Arbeit«*, da seine Westfassade von fern an eine romanische Balilika erinnert. Allerdings wurden die übernommenen Bauformen so stark auf ihre geometrischen Grundelemente reduziert, daß das Gebäude allein durch seine Dimensionen, seine Baumasse und seine konstruktive Gliederung den Ausdruck seiner Monumentalität verliehen bekam.

Mit den AEG-Bauten* war Behrens zum führenden Industriearchitekten in Deutschland aufgerückt. Da seine Gestaltauffassung
dem Selbstverständnis der Großindustrie entsprach, bearbeitete
er zahlreiche Projekte auch für andere Konzerne*. Für ihn war
monumentale Architektur »stets Ausdruck eines bestimmten
Machtkreises einer Zeit . . ., der nicht ohne Einfluß auf die Kultur
bleiben kann«*. Zu seiner Zeit sah Behrens diesen Machtkreis zu
recht in der Großindustrie. Ihm ging es um die Verwirklichung
eigener Gestaltungsabsichten, um konstruktiven Funktionalismus,
um Übersichtlichkeit und Plastizität der Baukörper sowie um die
Nutzung moderner Baumaterialien und -techniken; um diese In-
tentionen realisieren zu können, benötigte der Architekt potente
Bauherren, mit deren Denkweise und Repräsentationsbedürfnis

Peter Behrens:
Haupthalle
des
Verwaltungsbaues
der IG
Farbenindustrie AG,
1920–24,
Höchst/Main

es sich zu identifizieren galt, sofern man bedeutende Aufträge bekommen wollte. Am Beispiel Behrens wird infolgedessen deutlich, daß Stil nicht nur auf den technischen Möglichkeiten und auf dem historischen Bewußtsein einer Zeit beruht, sondern vor allem eine Machtfrage ist.

Wie sehr Behrens in der Lage war, die neuen Machtverhältnisse in der bürgerlich-kapitalistischen Gesellschaft architektonisch darzustellen, zeigt eines seiner Hauptwerke, die 1920–24 entstandene Empfangs- und Ehrenhalle im Verwaltungsgebäude der IG Farbenindustrie in Höchst am Main. Auch in diesem Raumgebilde stellen die Betonung der Baumassen, die Sichtbarmachung konstruktiver Prinzipien und die Reihung kleinteiliger Bauelemente wichtige Gestaltwerte dar, zu denen zwei weitere hinzutreten: Licht und Farbe. Wie steingewordene Portieren wachsen aus den mächtigen, durch den Ziegelverlauf kannelierten Pfeilern stalak-

Peter Behrens:
Hochbehälter
für Teer
und Ammoniak,
1911–12,
Frankfurter
Gasgesellschaft,
Frankfurt/Main

Walzenwerk Hengstey-See, um 1925, Hagen

titenartige Klinkerbündel empor. Durch ihre Versetzung in den
hohen Raum hinein verengen sie diesen nach oben zu, so daß dem
untenstehenden Betrachter das Gefühl seiner eigenen Winzigkeit
aufgezwungen wird. Er steht in der Dämmerzone, die sich aus den
Schatten unterhalb der Stufen der Pfeiler und des Umgangs im
Parterre bildet. Die Farbgebung der Klinker folgt dieser Licht-
führung: Aus dunklem Blau über Violett und Rot strebt der Blick
zu hellem Gelb nach oben, wo der Raum von drei weißen, in ihrer
Grundform achteckigen Fensterrosetten beleuchtet und bekrönt
wird. Im Bodenbelag der Halle wiederholt sich das Achteckmotiv
in drei Klinkermosaiken. Der Ausdruckswert des Raumes ist eindeutig, er läßt kein Ausweichen zu. Unter raffinierter Ausnutzung
wahrnehmungspsychologischer Gesetzmäßigkeiten wird der Blick
des Eintretenden, ob er will oder nicht, aus der Dunkelheit nach
oben gezwungen. Dabei muß das Gefühl der Überwältigung zugleich den Gedanken an die eigene Unzulänglichkeit im Besucher
auslösen. Die Blickführung zu den drei »Augen« an der Decke der

Charles Holden: Eingang der Clapham South Station, 1925–26, London

Halle richtet sich auf ein Herrschaftssymbol einer gewaltigen Macht. Solche »Augen« verbanden schon in mykenischen »Königsgräbern« das Diesseitige des Kuppelgrabes mit dem Jenseitigen des Himmels. Die Achteckform der Dachfenster erinnert zudem an die »Resurrectio domini«, an die Erlösung aus irdischem Ungemach durch die Erscheinung des Heils, das mit Hilfe des weißen Lichts – der Farbe des Guten, des Sieges und der Reinheit – dem Untenstehenden verheißen wird. Die Überwältigungsarchitektur der Haupthalle im Verwaltungsgebäude der IG Farbenfabriken beweist, wie sehr es Behrens gelang, den Herrschaftsanspruch eines Konzerns mit modernen architektonischen Methoden und Mitteln unter Zuhilfenahme ursprünglich religiöser Symbolwerte darzustellen.

Bei Behrens fällt auf, daß unter all seinen architektonischen Lösungen für die Großindustrie nur eine vorkommt, die eine Auseinandersetzung mit den freistehenden Aggregaten des Ingenieurbaus verlangt hätte: die Anlage der Frankfurter Gasgesellschaft mit ihren Hochbehältern für Teer und Ammoniak von 1911–12. Doch Behrens verbarg die Hochbehälter hinter burgturmähnlichen Ummantelungen. Damit verzichtete er darauf, die eigentümlichen Gestaltwerte der Aggregate gegen die Mauerwerksarchitektur der Maschinen- und Werkstattgebäude auszuspielen.

Die Ideen von Behrens verbreiteten sich. Die Untergrundbahnstationen, die Omnibusdepots und das Verwaltungsgebäude des »London Passengers Transport Board«, die Charles Holden zwischen 1925 und 1939 entwarf, sind ohne den Einfluß des Deutschen nicht zu denken. Auch ein Walzenwehr, das in den Zwanziger Jahren am Hengstey-See bei Hagen errichtet wurde, zeigt in seinen Hubtürmen Beziehungen zu Behrens' Geometrismus der Frankfurter Hochbehälter, wobei hier freilich aus der Zweckbestimmung der Anlage die stählernen Sperrwalzen und die Zugangsbrücke nicht ummantelt werden konnten und so mit den Betontürmen aus dem Kontrast heraus eine architektonische Einheit bilden. Auch das Dnjepr-Kraftwerk bei Saporosche, das Wesnin, Kolli, Andrijewski und Orlow 1927 entwarfen, war eine Weiterentwicklung der Behrensschen Bauauffassung.

W. Wesnin, N. J. Kolli, S. G. Andrijewski & G. M. Orlow: Turbinenhalle und Staumauer des Dnjepr-Kraftwerkes, 1927–32, Saporosche

Walter Gropius

Auch Walter Gropius, Mitarbeiter von Behrens 1908–10, setzte bei seiner ersten selbständigen Bauaufgabe, dem Projekt der Schuhleisten- und Stanzmesserfabrik Fagus GmbH in Alfeld, mit Adolf Meyer 1911 beim Geometrismus seines ehemaligen Chefs an; zugleich griff er dabei weit über Behrens hinaus. Radikal wurden die Gebäude auf reine Kuben reduziert. Selbst vorsichtige Rückgriffe auf tradierte Bauformen wurden peinlichst vermieden. Sensationell wurde es empfunden, daß Gropius und Meyer die West- und Südfassade des Hauptgebäudes, der Maschinenwerkstatt, nur noch aus Glasflächen herstellen ließen, die in ein Sprossenraster eingehängt waren, dessen Stereotypie von den ähnlich taktmäßig angeordneten, ziegelummauerten Stahlstützen des Flachdachs verstärkt wurde. Mit dieser Erfindung wurde die Wand aus Glas, die lediglich vom allernotwendigsten Stahlgerippe unterbrochen war, ins Bauen eingeführt. Der kubische Zweckpurismus und die Verwendung von Bauelementen aus Glas und Stahl, die auf extrem wenige Typen beschränkt worden waren, entsprachen den aufkommenden industriellen Fertigungsmethoden im Bauwesen. Daher war dieser Bau für die Industriearchitektur folgenreich, obwohl man Gropius und Meyer nicht als ausgesprochene Industriearchitekten bezeichnen kann. In zahlreichen Industriegebäuden des 20. Jahrhunderts wurde auf die Fagus-Fabrik zurückgegriffen. Variable Nutzung, anfangs als optimal empfundene Vollbelichtung durch Tageslicht, schnelle Bauzeiten, schematische Planungsmöglichkeiten, das war neben der Möglichkeit zur Serienfertigung der Bauelemente die hauptsächlichen Vorteile, welche das Modell von Gropius und Meyer dem strikten Kostendenken anbot. Die Maschinenwerkstatt der Fagus-Anlage besaß alle Voraussetzungen, gewissermaßen das Salford-Modell des 20. Jahrhunderts zu werden; tatsächlich sind die ökonomischen Parallelen zwischen dem Bau von Watt und Boulton sowie dem von Gropius und Meyer verblüffend. Mit der Fagus-Fabrik verwies die Industriearchitektur, um einige moderne Baumaterialien und -techniken bereichert, auf den Grundaspekt allen industriellen Bauens seit dem Beginn des 19. Jahrhunderts zurück: Alles, was der Produktion und dem

Gewinn direkt oder indirekt am billigsten und rationalsten nützt, ist gut. Gropius drückte das 1911 etwas verblümter aus: »Der Arbeit müssen Paläste errichtet werden, die den Fabrikarbeiter ... noch etwas spüren lassen von der Würde der gemeinsamen großen Idee, die das Ganze treibt«, damit »der Einzelne Persönliches dem unpersönlichen Gedanken unterordnet, ohne die Freude am Mitschaffen großer gemeinsamer Werte zu verlieren«, und »der subtil rechnende Herr der Fabrik wird sich alle Mittel zunutze machen, die die ertötende Eintönigkeit der Fabrikarbeit beleben und den Zwang zur Arbeit mildern könnten«[*]. Ähnlich wie Behrens erprobte Gropius nie die Wirkung des Industriegebäudes im Zusammenhang mit freistehenden Aggregaten, obwohl die Betonung des Geometrischen und Konstruktiven an der Fagus-Maschinenwerkstatt dies von den Gestaltwerten her nahegelegt hätte.

Walter Gropius & Adolf Meyer: Eingang und Maschinenwerkstatt der Fagus GmbH, 1911, Alfeld a. d. Leine

Auch der Franzose Tony Garnier hatte sich mit dem Ensemble aus Gebäuden und Aggregaten in seiner Utopie einer »Cité industrielle« beschäftigt. Zwischen 1899 und 1917 hatte er an dem gigantischen Projekt einer idealen Industriestadt gearbeitet: Fabrikationsgebäude, freistehenden Aggregate, Kamine, Bahnhöfe, Hafenanlagen, Arbeitersiedlungen, Versorgungseinrichtungen, Verwaltungsgebäude, Schulen, Kirchen, Parks und Gärten sollten zu einem einheitlichen Gebilde zusammengefügt werden, in welchem die vorwiegend kubischen Gebäude ornamentlos einerseits mit der bizarren Silhouette der Aggregate und andrerseits mit den Formen der Bäume und Rasenflächen konstrastierten. Aber Garnier fand keinen Titus Salt, der eine ganze Industriestadt in Auftrag gab. So blieb alles Zeichnung und Traktat.

Auch der futuristische Architekt Antonio Sant' Elia, der im Ersten Weltkrieg fiel, hatte sich mit der Synthese eines Baugebildes aus Gebäuden und Aggregaten beschäftigt und dabei streng geometrische Baukörper ins Auge gefaßt. Aber zum Bauen kam er nicht.

Antonio Sant'Elia
»Elektrizitätswerk«,
1914, Zeichnung.
Mailand,
Sammlung P. Accetti

Fritz Schupp

Der Architekt Fritz Schupp fand schließlich Gelegenheit, die Herausforderung anzunehmen, die freistehenden Aggregaten mit den Industriegebäuden zu einem Ensemble zu verbinden. Schupp war nicht an einer Kunst- oder einer Bauakademie ausgebildet, sondern mit Ingenieuren von einer Technischen Hochschule geprägt worden. Dies befähigte ihn, an der Gestaltung von Aggregaten mitzuwirken. Schupp muß wohl erkannt haben, daß einzelne Gebäude oder Aggregate innerhalb einer ganzen Industrieanlage nur gestalterische Details sind. Da im Zeitalter der Konzerne das industrielle Bauen immer stärker auf die Planung und den Entwurf solcher Großkomplexe hinauslief, konnte die wirkliche Chance des Industriearchitekten nur in der Gestaltung ganzer Fabrikanlagen bestehen. 1928 entwarf Schupp unter Mithilfe von Martin Kremmer seine erste komplette Großanlage, der noch weitere folgen sollten*: Durch die Vereinigung mehrerer kleinerer Zechen in der Hand der Vereinigten Stahlwerke unter ihrem Generaldirektor Albert Vögler war die Großzeche Zollverein in Essen-Katernberg entstanden. Dadurch wurde eine betriebstechnische Umorganisation und ein Neubau des Betriebs erforderlich. Schupp und Kremmer lehnten sich bei der Lageplanung der Betriebsgebäude und der Aggregate an das System an, das schon Metzmacher 1898 für die Borsig-Werke in Berlin-Tegel angewandt hatte. Alle Betriebseinheiten wurden an rechtwinklig zueinander liegenden Verkehrsachsen aufgereiht, wobei die vorgegebene Lage der Schächte berücksichtigt werden mußte. Vor vornherein standen die Architekten unter einem besonderen betriebstechnischen Zwang: In einer Zeche müssen – im Gegensatz zu anderen Großbetrieben – die Aggregate (wie Fördertürme, Transportbühnen oder Kühltürme) immer in unmittelbarer Nähe bestimmter Betriebsgebäude (wie Maschinenhäuser, Schachtgebäude, Kohlesortiereien oder Kohlewaschanlagen) liegen. Es ist deshalb kein Zufall, wenn sich gerade an Zechen, wie das frühere Beispiel Zollern 2/4 in Dortmund-Bövinghausen gezeigt hat, die Tendenz, Gebäude und Aggregate zu einer gestalterischen Einheit zu verbinden, am ehesten erwies. Schupp und Kremmer griffen diese

Fritz Schupp & Martin Kremmer: Zeche Zollverein 12/1/2, Südeingang, 1928–32, Essen-Katernberg

Tendenz in der Zeche Zollverein 12/1/2 konsequent auf. Dabei kam ihnen entgegen, daß der Betrieb völlig neu geplant werden sollte. Dabei griffen zum ersten Male zwei Architekten auch in die Gestaltbildung von freistehenden Aggregaten ein.

Der repräsentative Zugang der Zeche liegt an der Straße von Katernberg nach Altenessen im Süden des Zechengeländes. Von der Straße aus führt eine Zufahrt um ein Rasenrondell trichterartig auf das Zechentor hin. Über den Vorplatz betritt man den dahinterliegenden Zechenhof. Eine Fahrstraße führt um ein Rasenkarree. Rechts und links wird dieser Schauhof von zwei zweistöckigen Betriebsgebäuden flankiert. Waagerechte Fensterbänder auf ihren Fassaden leiten den Blick in die Tiefe des Hofs,

wo die Kohlenwäsche, das Schachtgebäude und das Maschinenhaus den Abschluß bilden. Zur Mitte hin steigt die Höhe dieser
Gebäudegruppe an, so daß das genau auf der Symmetrieachse
der Zufahrt und des Hofes liegende Schachtgebäude optisch betont wird. Seine Höhe wird durch senkrecht verlaufende Fensterbänder und durch eine Abstufung im oberen Teil besonders her-
vorgehoben. Wie der Gipfel aus einem Gebirge von Kuben ragt
es aus der Gebäudegruppe heraus. Die spannungsreiche, doch
maßvolle Unruhe des Ganzen wird durch das überall benutzte
rote Klinkermaterial farblich zusammengehalten. Das Rot bildet
mit dem Grün des Rasens einen klaren und kräftigen Komplemen-
tärkontrast, der die Monumentalität des Ensembles verstärkt.
Darüber erhebt sich wie ein Triumph das mächtige Doppelbock-
Fördergerüst des Schachtes. Dieses Aggregat ist das erste seiner
Art auf einer Großzeche*. Es ist die Formerfindung eines Architekten. Dieser Prototyp – bis in die Fünfziger Jahre von Schupp immer wieder verwandt und abgewandelt – wurde zum Vorbild für
andere Industriearchitekten. Das Gebilde besaß nicht nur betriebstechnische Vorteile, sondern auch einen starken figurativen Gestaltwert. Unverkennbar verkörpert es ein breitbeiniges und unbe-
irrbares Stehen, was die Assoziationen dieser Gestalt auf die An-
mutung einer Konfrontation des winzigen Menschen mit einem
technischen Riesen eingrenzt. Das Pathos dieses Eingangspanora-
mas mit seinem gigantischen Aggregat besagt, daß die Technik
über Menschen und Gebäuden steht, daß sie selbst die Natur
überragt, die beiläufig in der Rasenfläche des Hofs zitiert wird.
Es war daher folgerichtig, wenn Schupp dem Zechenhof vor dem
Fördergerüst die Gestalt eines Ehrenhofes gab. Damit sollte ein
Idol verklärt werden, welches vom Absolutheitsanspruch der Technik und von der Unterwerfung des Menschen der Industriegesellschaft unter die Ideologie des technischen Fortschritts kündet.
Schupp strukturierte die gesamte Zechenanlage unter strenger Be-
rücksichtigung der betriebstechnischen Gesichtspunkte so, daß der
Blick des Betrachters durch fast alle Verkehrsachsen auf ein be-
deutungsvoll ins Zentrum der Ansicht gerücktes Aggregat oder
Bauwerk mit monumental-technischem Charakter fällt. Schupps
Katernberg-Panoramen erinnern verblüffend an Fabrikutopien

italienischer Futuristen, deren Chefideologe Marinetti schon 1909 emphatisch geschrieben hatte: »Besingen wollen wir die nächtliche, vibrierende Glut der Arsenale und Werften, die von grellen elektrischen Monden beleuchtet werden; die gefräßigen Bahnhöfe, die rauchende Schlangen verzehren; die Fabriken, die mit ihren sich hochwindenden Rauchfäden in den Wolken hängen; die Brücken, die wie gigantische Athleten Flüsse überspannen«*. Schupp gelang es, die Herrschergebärden, welche er seinen Gebilden verlieh, auf dem schmalen Grat der Ambivalenz zwischen Bedrohung und Obhut auszubalanzieren. Beide Komponenten waren Spiegelungen der realen Situation der Arbeiter der Zeche. Voller Gefahren und voller Abhängigkeiten war ihre Arbeit, aber sie bot auch den Lebensunterhalt und die Solidarität der Kollegen.

Die Zeche Zollverein 12/1/2 war Schupps erstes großes Werk und zugleich sein bedeutendstes. Alle späteren Zechenanlagen, die er entwarf, sind im Grunde Abwandlungen seines von Anfang an klar ausgedrückten Themas. Mit diesem Hauptwerk der Industriearchitektur des 20. Jahrhunderts in Deutschland überbrückte er die Kluft zwischen dem Denken der Ingenieure und der Architek-

ten. Außerdem scheint es, als habe Schupp die Industriearchitektur davon befreit, Ausdrucksträger der Herrschafts-, Repräsentations- oder Verschleierungsabsichten des kapitalistischen Bürgertums sein zu müssen. Ein kleines Detail könnte dieser Behauptung recht geben. Als die Zeche eröffnet wurde, brachte man an der Südfront des Schachtgebäudes an unübersehbar hoher Stelle außer dem Namen »Zollverein« in goldenen Lettern auch die Inschrift »Schacht Albert Vögler« an. Damit wies der Chef der Vereinigten Stahlwerke unmißverständlich darauf hin, daß es über der Technik noch eine andere Macht gibt; das Großkapital, das sich hier im Namenszug eines seiner mächtigsten Manager personifizierte. Um so mehr überrascht, daß schon zwei Jahre nach Vöglers Ausscheiden 1938 die Inschrift verschwand – ein neuer Name war nicht mehr vonnöten. Vom Förderturm hingen nun am 1. Mai, dem sogenannten Tag der Arbeit, der ursprünglich ein Tag der Arbeiter gewesen war, die Hakenkreuzfahnen herab. Die neuen Herren hatten sich auch Zollverein 12/1/2 dienstbar gemacht und veranstalteten ihre Aufmärsche auf dem Ehrenhof. Natürlich ist Schupp dafür nicht verantwortlich zu machen. Aber die Austauschbarkeit der Verfügungssymbole relativierte doch das Pathos im Ausdruckswert der Anlage. Dadurch, daß er die Technik als absolutes Phänomen darzustellen suchte und ihre Abhängigkeit von gesellschaftlichen Zuständen und Machtverhältnissen unberücksichtigt ließ, befand sich Schupp im Grunde in der »L'Art-pour-l'art«-Nachfolge des 19. Jahrhunderts. Sein pathetischer Funktionalismus wirft infolgedessen die Frage auf, ob die Industriearchitektur mit den von Schupp entwickelten Gestaltungs- und Ausdrucksaspekten überhaupt in der Lage ist, ihre gesellschaftlichen Hintergründe direkt zu spiegeln.

Schupp selbst beantwortete diese Frage nicht. Als Entwerfer von Großanlagen, die wegen ihres Umfangs fast schon autonomen Landschaftscharakter annahmen, zeigte er 1966, daß es ihm auch nicht um eine solche Antwort ging; er bezog eine vorwiegend ästhetische Position: »Wenn ich Ihnen hier ein Bild einer Raffinerie zeige, so bin ich überzeugt, daß die schönen Ingenieurbauwerke bei Ihnen ebenso anklingen werden wie bei mir, daß Sie auch von den Möglichkeiten einer Gestaltung dieser erstaunlichen

Gebilde gepackt werden ... und Sie als kunstinteressierte Menschen werden wahrscheinlich auch ein Anklingen an die freien Künste feststellen, an abstrakte Kunstwerke, deren Schöpfern ähnliche Ziele vorschweben mögen«*. Ob im klaren Geometrismus des Zusammenklanges eines schlichten Maschinengebäudes mit einer Kolonne von zehn säulenartigen Ammoniaktürmen, die zu einem quasi-kubischen Gebilde zusammengefaßt wurden, wie auf der Zentralkokerei Nordstern in Bottrop in den Dreißiger Jahren oder in der Eleganz des Förderturms der Zeche Gewerkschaft Sophia Jacoba in Hückelhoven bei Mönchen-Gladbach aus dem Jahre 1963, die etwas von der Windschlüpfigkeit der Kommandobrücke eines Ozeandampfers besitzt – Schupps Bekenntnis zur Ästhetisierung der Industriearchitektur ist in allen seinen Schöpfungen nach der Zeche Zollverein 12/1/1 festzustellen, und er fand zahlreiche Nachfolger.

F. Schupp: Raffinerietürme des Hydrierwerkes der Gelsenberg AG, um 1935, Gelsenkirchen (links). – F. Schupp & M. Kremmer: Maschinenhaus und Ammoniaktürme der Zentralkokerei Nordstern, um 1935, Bottrop

Kurz vor seinem Tod 1974 erlebte Schupp noch, wie der größte Hochofen Westeuropas und Amerikas in Duisburg-Hamborn nach jahrelanger Planungs- und Entwurfsarbeit in Betrieb genommen wurde. Schupp hatte diesen über 100 m hohen Giganten konzipiert, jedoch die Ausführung seinen Mitarbeitern Patschul und Winkhaus überlassen. Die ungeheure Größe dieses Aggregates, seine technischen Probleme und nicht zuletzt die nicht nur symbolische, sondern auch tatsächliche Bedrohung für die Umwelt verweisen auf eine neue Tendenz in der Industriearchitektur. Ihre Gebilde nehmen heute z. T. einen solchen Umfang an oder bergen solche Gefahren, daß ästhetische Argumente bei ihrer Gestaltung hinter Überlegungen der Statik und der Betriebssicherheit zurücktreten müssen. Daß gleichwohl aus mathematischen Gesetzmäßigkeiten sich wohlgeformte Proportionen ergeben können – wie bei dem fast 100 m hohen Naturzugkühlturm des VEW-Kraftwerks

Fritz Schupp: Förderturm der Zeche Gewerkschaft Sophia Jacoba, 1963, Hückelhoven bei Mönchen-Gladbach (links). – Kühlturm des VEW-Kohlekraftwerks Uentrop bei Hamm, um 1970

Uentrop bei Hamm, der aus nur 15 cm starkem Stahlbeton errichtet wurde –, ist seit der Severn Bridge von Coalbrookdale nicht neu. Neu hingegen ist die Größe dieses Aggregates, vor dessen im Computer – unter Berücksichtigung von Eigenlast, Winddruck, Bodenfestigkeit und Erdbebengefährdung – berechneter einfachen Form die Frage unerheblich wird, ob sie von einem Architekten oder einem Ingenieur erfunden wurde. Es ist durchaus nicht ironisch gemeint, wenn eine große Baufirma in einer ihrer Verlautbarungen anmerkt, daß der Gestaltungsspielraum bei derartigen Bauwerken darin bestehe, »das Volumen dieser Baukörper harmonisch und funktionell in die Baukonzeption einer Kraftwerksanlage einzugliedern«*; das besagt nichts anderes, als daß Gestaltung hier nur noch die Festlegung der Abstände zwischen den Baukörpern ist. Beim Bau von Kernkraftwerken müssen letztlich alle ästhetischen Erwägungen beiseite treten. Die vielfältigen und komplizierten Sicherheits- und Umweltschutzprobleme, die beim Entwurf derartiger Betriebe zu berücksichtigen sind, stellen solch schwerwiegende Vorgaben an das Aussehen und die Anordnung der Baukörper dar, daß außer ihrer Gestalt auch ihre Abstände untereinander allein von den Formeln der Wissenschaftler und Techniker und den Ergebnissen aus den Rechenzentren abhängen.

ANMERKUNGEN

Seite 7
Katalog der Ausstellung »Die verborgene Vernunft« (Neue Sammlung),
München 1971

Seite 13
Für die Wertschätzung der Mechanik im 18. Jahrhundert spricht, daß
1751 D'Alembert und Diderot den ersten Band ihrer »Encyclopédie« diesem Sachgebiet widmeten.

Ingenieur: Schon 1238 soll in der italienischen Stadt Brescia die Bezeichnung »inzengerius« für einen Spezialisten des Wehranlagenbaues benutzt
worden sein.

Seite 17
A. Āman in »Die Kunst des 19. Jahrhunderts« (Propyläen-Kunstgeschich-
te XI), Berlin 1966, S. 351

Seite 20
»Die Kunst in Industrie und Handel« (Jahrbuch des Deutschen Werkbundes), Jena 1913, S. 31

Seite 21
»... Funktion«: Katalog der Ausstellung »Die verborgene Vernunft«
(Neue Sammlung), München 1971

»... absorbieren«: id.

»... sind«: id.

»... suchen«: id.

Seite 22
»... Möglichkeiten«: id.

»... geworden«: F. Schupp »Heutiger Industriebau«, Hagen 1966, S. 16

Seite 24
id., S. 23

Seite 28
In solchen Manufakturen waren nicht selten 100 Arbeitskräfte tätig.

◀ DYWIDAG: Kernkraftwerk Stade an der Elbe, 1970–73

Seite 31

Haniel ließ 1831 im Ruhrgebiet die erste Tiefbauzeche abteufen. Bereits 1799 war auf der Zeche Vollmond bei (Bochum-)Langendreer die erste Dampfmaschine im Bergbau dieser Region installiert worden. Schon 1785 hatte man in Hettstedt bei Merseburg ein solches Aggregat zur Wasserhaltung einer Grube eingesetzt.

Seite 37

Im unteren Ruhrtal gab es 1755 rund 190 derartige Kleinzechen.

Seite 38

Kotten ist im Westfälischen eine Bezeichnung für Häuser von Kleinbauern und Landarbeitern.

Reidemeister ist im nördlichen Sauerland eine Bezeichnung für bäuerlich-handwerkliche Kleinunternehmer oder »Verleger« der Hausindustrie.

Seite 52

C.-N. Ledoux »L'Architecture considerée sous le Rapport de l'Art, des Mœurs et de la Législation«, Paris 1804 (Faksimile 1961)

Seite 58

Während der Revolution 1848 unterstützte August Borsig in Berlin mit einer Hilfstruppe aus Arbeitern seiner Fabrik das preußische Militär. – Friedrich Harkort schrieb in seinem »Brief an die Arbeiter« nach der Revolution: »Die, welche Euch verführen wollen, predigen den Haß gegen die Fürsten und die Pfaffen. Die Fürsten sind Menschen wie wir ... Kein Regiment gedeihet, wo nicht einer befiehlt – das schaut Ihr täglich im eigenen Hause, in der Fabrik und in der Gemeinde, also sei es auch im Staate«.

»... einberufen«: F. Harkort »Bemerkungen über die Hindernisse der Civilisation und Emancipation der untern Klassen«, Elberfeld 1844, S. 28

Nach Übernahme des väterlichen Betriebes machte Friedrich Alfred Krupp 1887 wie ein Souverän dem deutschen Kaiser, den Königen Albert I. von Sachsen, Leopold II. von Belgien, Carol I. von Rumänien und Sultan Abdul Hamid II. einen Antrittsbesuch.

Seite 59

G. von Klass »Die drei Ringe«, Tübingen 1953, S. 132

Seite 60

id., S. 127

Seite 61

»... außen«: F. Harkort »Bemerkungen ...«, op. cit., S. 28

Bevölkerungsdichte im Ruhrgebiet: 1850 etwa 110 Einwohner/qkm, 1900 etwa 620 Einwohner/qkm, 1950 etwa 1050 Einwohner/qkm

Seite 88
Schon 1824 hatte der englische Spinnereibesitzer Nathan Gough eine sechsstöckige Fabrik aus gußeisernen Fertigteilen entworfen, die jedoch gleich nach ihrer Fertigstellung zusammenbrach.

Seite 101
»Die Welt«, 3. 7. 1975

Seite 110
Vgl. Theodor Fontanes Ballade »Die Brücke am Tay«.

Seite 114
Frankfurt a. M.: Hauptbahnhof 1879–88. – London: King's Cross Station 1851–53; Paddington Station 1852–54; Victoria Station 1859–66; St. Pancras Station 1863–76. – Paris: Gare St-Lazare 1841–50; Gare de l'Est 1847–52; Gare du Nord 1861–65 …

Seite 117
Der großgriechische Naturwissenschaftler Archimedes († 212 v. Chr.) fand folgendes Prinzip: Jeder schwimmende Körper verliert (solange er schwimmt) so viel Gewicht, wie das Wasser wiegt, das er verdrängt.

Seite 118
Weltausstellungen im 19. Jahrhundert: London 1851; New York 1853; Paris 1855; London 1862; Paris 1867; Wien 1873; Philadelphia 1876; Paris 1878; Sydney 1879; Melbourne 1881; Antwerpen 1885; Paris 1889; Chicago 1893; Antwerpen 1894

Seite 119
»… entspricht«: J. Marchlewski »Sezession und Jugendstil«, Dresden 1974, S. 27

»… aufwärts«: H. Kraemer »Das 19. Jahrhundert in Wort und Bild« III, Leipzig 1900, S. 188

Seite 122
Zu den wenigen erhaltenen Gebäuden gehören in Paris u. a. das Grand Palais und das Petit Palais von 1900.

Seite 124
Die Großform dieses Turmes beruht auf gegeneinander gekehrten Parabelabschnitten; schon früher hatte Eiffel bei Brückenbögen auch Parabelformen angewandt.

Als Geschäftsführer (und Aktionär) einer privaten Turmbaufirma hatte Eiffel 1887 mit der Stadt Paris und dem französischen Staat einen Vertrag über den Turmbau geschlossen.

Seite 126
Spötter nannten den Turm »eine überdimensionierte Hutnadel«; nach
Abschluß des Bauvertrages protestierten französische Künstler gegen das
Projekt. Hingegen schrieb der Bildhauer Duchamp-Villon, der als Drei-
zehnjähriger die Weltausstellung von 1889 erlebt hatte, später über den
Eiffel-Turm: »Dieses Meisterwerk mathematischer Energie ... ist mehr
als eine bloße Zahl; denn es enthält ein Lebenselement, dem sich der
Geist unterordnen soll« (S. Giedion »Raum – Zeit – Architektur«, Ra-
vensburg 1965).

Zikkurat: sumerischer, babylonischer oder assyrischer Tempelturm

»... Wissenschaften«: G. Eiffel »La Tour de trois cent mètres« I, Paris
1900

Seite 136
F. Engels »Die Lage der arbeitenden Klasse in England«, Leipzig 1845

Seite 139
N. Pevsner »Architektur und Design«, München 1971, S. 230 ff.

Seite 144
P. Stressig & J. Buekschmitt »Karl Ernst Osthaus – der Planer und Bauherr« in »Karl Ernst Osthaus«, Recklinghausen 1971, S. 366 ff.

Seite 156
»Tycoon« war als saloppe Bezeichnung für Großindustrielle besonders in
den »Goldenen Zwanzigern« des 20. Jahrhunderts gebräuchlich.

Seite 158
Emil Rathenaus Sohn Walther war im Ersten Weltkrieg preußischer
Rohstoffbeauftragter gewesen und bei seiner Ermordung durch Rechts-
radikale 1922 Reichsaußenminister; Reichskanzler Cuno war Generaldirektor der HAPAG gewesen; Reichsaußenminister Stresemann war Syn-
dikus des Sächsischen Industriellenverbandes gewesen.

Seite 160
Aus der Mitgliederliste des Deutschen Werkbundes 1913: AEG, BASF,
Farbenfabrik Bayer, Bosch GmbH, Continental, Maschinenbauanstalt
Humboldt (später Klöckner-Humboldt-Deutz), Fried. Krupp AG, MAN,
Mannesmann-Werke, NAG ...

Seite 164
P. J. Cremers »Peter Behrens«, Essen 1928, S. 9

Seite 165
Weitere AEG-Bauten von Behrens: in Berlin Verkaufsläden 1910, Boots-
haus »Elektra« 1910, Porzellan- und Isolatorenfabrik 1910–11, Öltuch-

und Lackfabrik 1910–11, Fabrik für Bahnmaterial 1911, Lokomotivfabrik 1911, Flugzeughalle 1911, Arbeitersiedlung Henningsdorf 1911–18; in Riga Fabrik 1913.

Bis 1928 führte Behrens für folgende Firmen Aufträge durch: Mannesmann-Werke 1911–12, Continental 1911–20, Daimler 1914, NAG 1915–16, Hannoversche Waggonfabrik 1917–19, Rombacher Hütte 1920–21, IG Farbenindustrie 1920–24, Stumm-Konzern 1920, Deutsche Werft 1920–21, Gutehoffnungshütte 1921–25, Hugo Stinnes AG 1925, Vereinigte Stahlwerke 1928.

»... kann«: P. Behrens »Was ist monumentale Kunst?« in »Kunstgewerbeblatt« 3/1908, S. 46

Seite 171
P. Stressig »Hohenhagen – Experimentierfeld modernen Bauens« in »Karl Ernst Osthaus«, Recklinghausen 1971, S. 461

Seite 173
Weitere wichtige Industrieprojekte Schupps: Zeche Thyssen, Duisburg-Hamborn; Zeche Grimberg, Kamen; Zeche Friedrich der Große, Herne-Bladenhorst; Zeche Auguste Viktoria, Marl; Hydrierwerk Gelsenberg AG, Gelsenkirchen; Zeche Germania, Dortmund (Förderturm heute im Bergbau-Museum, Bochum); Zeche Hausham, Hausham (Obb.); Zeche Gewerkschaft Sophia Jacoba, Hückelhoven; Zentralkokerei Nordstern, Bottrop; Hochofen Schwelgern, Duisburg-Hamborn ...

Seite 175
Die ersten Doppelbock-Fördertürme kamen als Gitterkonstruktionen um 1890 auf. Schupp verwendete als erster Konstrukteur den Vollwand-Kastenständer, wodurch eine Konzentration auf den figurativen Ausdruckswert des Turmes gelang.

Seite 176
Ch. Baumgart »Geschichte des Futurismus«, Reinbek 1966, S. 27

Seite 178
F. Schupp »Heutiger Industriebau«, Hagen 1966, S. 18

Seite 180
Hochtief AG »Bauwerke – Fundamente des Lebens«, Essen 1975, S. 139

LITERATUR

Soweit nicht in den Anmerkungen erwähnt: E. G. Neumann u. a. »Industriearchitektur in Westfalen«, Münster 1975. – E. G. Neumann »Zeche Zollern 2/4 Dortmund«, München 1975. – R. Slotta »Technische Denkmäler in der Bundesrepublik Deutschland«, Bochum 1975. – S. Müller »Kunst und Industrie«, München 1974. – K. N. Afanasjew »Ideen – Projekte – Bauten«, Dresden 1973. – W. Pehnt »Die Architektur des Expressionismus«, Stuttgart 1973. – M. Henning-Schofeld & H. Schmidt-Thomsen »Transparenz und Masse«, Köln 1972. – R. Linnenkamp »Vom Fürstenschloß zum Fernsehturm«, Icking + München 1972. – N. Pevsner »Der Beginn der modernen Architektur und des Design«, Köln 1971. – H. R. Hitchcock »Architecture: Nineteenth and Twentieth Centuries«, Harmondsworth 1968. – H. G. Evers »Vom Historismus zum Funktionalismus«, Baden-Baden 1967. – K. Lankheit »Revolution und Restauration«, Baden-Baden 1965. – R. Banham »Die Revolution der Architektur«, Reinbek 1964. – H. Straub »Geschichte der Bauingenieurkunst«, Basel + Stuttgart 1964. – W. Claas »Technische Kulturdenkmale im Bereich der ehemaligen Grafschaft Mark«, Hagen 1958. – C. Koschwitz »Die Hochbauten der Steinkohlezechen des Ruhrgebiets«, Essen 1930. – W. Lindner »Bauten der Technik«, Berlin 1927. – W. Müller-Wulkow »Bauten der Arbeit und des Verkehrs aus deutscher Gegenwart«, Königstein/Ts. 1925. – R. Hundt »Bergarbeiterwohnungen im Ruhrrevier«, Berlin 1902.

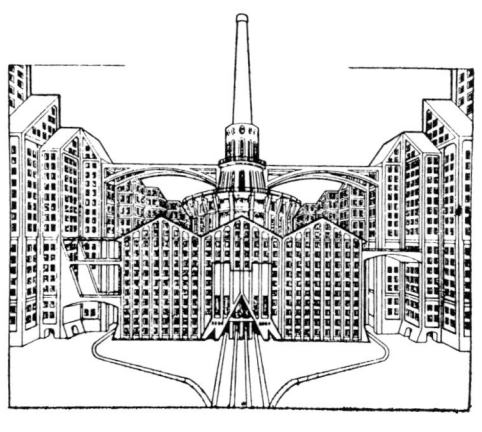

V. Marchi »Fabrik«, 1924, Zeichnung

REGISTER

Sequin, Knobel & Rueti: Spinnerei Huesker, 1905, Gescher/Westfalen